无故事不营销

如何讲好一个商业故事

THE
STORYTELLING
EDGE

How to Transform Your Business,
Stop Screaming into the Void,
and Make People Love You

[美] 乔·拉扎斯卡斯 Joe Lazauskas
谢恩·斯诺 Shane Snow 著

李茜茜 译

机械工业出版社
China Machine Press

图书在版编目（CIP）数据

无故事不营销：如何讲好一个商业故事/（美）乔·拉扎斯卡斯（Joe Lazauskas），（美）谢恩·斯诺（Shane Snow）著；李茜茜译．—北京：机械工业出版社，2020.1

书名原文：The Storytelling Edge: How to Transform Your Business, Stop Screaming into the Void, and Make People Love You

ISBN 978-7-111-63825-4

I. 无… II. ①乔… ②谢… ③李… III. 企业管理－经验－美国 IV. F279.712.3

中国版本图书馆 CIP 数据核字（2020）第 063549 号

本书版权登记号：图字 01-2019-3885

Joe Lazauskas, Shane Snow. The Storytelling Edge: How to Transform Your Business, Stop Screaming into the Void, and Make People Love You.

ISBN 978-1-119-48335-9

Copyright © 2018 by Contently, Inc.

This translation published under license. Authorized translation from the English language edition, Published by John Wiley & Sons. Simplified Chinese translation copyright © 2019 by China Machine Press.

No part of this book may be reproduced or transmitted in any form or by any means, electronic or mechanical, including photocopying, recording or any information storage and retrieval system, without permission, in writing, from the publisher. Copies of this book sold without a Wiley sticker on the cover are unauthorized and illegal.

All rights reserved.

本书中文简体字版由 John Wiley & Sons 公司授权机械工业出版社在全球独家出版发行。

未经出版者书面许可，不得以任何方式抄袭、复制或节录本书中的任何部分。

本书封底贴有 John Wiley & Sons 公司防伪标签，无标签者不得销售。

无故事不营销：如何讲好一个商业故事

出版发行：	机械工业出版社（北京市西城区百万庄大街 22 号 邮政编码：100037）
责任编辑：	袁 银 林晨星
责任校对：	殷 虹
印　　刷：	北京文昌阁彩色印刷有限责任公司
版　　次：	2020 年 5 月第 1 版第 1 次印刷
开　　本：	147mm × 210mm 1/32
印　　张：	6
书　　号：	ISBN 978-7-111-63825-4
定　　价：	49.00 元

客服热线：(010) 88361066 88379833 68326294　　投稿热线：(010) 88379007
华章网站：www.hzbook.com　　读者信箱：hzjg@hzbook.com

版权所有·侵权必究
封底无防伪标均为盗版
本书法律顾问：北京大成律师事务所 韩光/邹晓东

谨以此书献给 Charlie、Lighthouse 以及 Contently 的老朋友们

推　荐　语

谢恩·斯诺和乔·拉扎斯卡斯用了大量时间思考、记录并理论化品牌叙事的相关知识，读者只需借鉴他们的成果即可。他们很聪明，且对品牌叙事的各个方面都了如指掌。快去看这本书吧！虽然我不能保证你读完就能达到他们那种出神入化的水平，但你一定能够更好地讲出自己的品牌故事。我向你保证！

——丽贝卡·里布

分析师、作家、顾问

本书的编写团队对故事的重要性以及如何编写并推广一个好故事有着深刻的理解，在这一点上无人能出其右。当今社会，各行各业都需要通过品牌、设计和理念来获得竞争优势。Contently强调了品牌故事的重要性，并展示了故事是如何改变行业与公司的。

——斯科特·贝尔斯基

企业家、投资人、Behance创始人，著有畅销书《想到做到》

讲精彩的故事是证明讲故事的重要性的最佳方式。从内容营销人员到任何与营销和销售相关的从业者都应当阅读这本书，并且在读完后把这本书推荐给公司的领导。但务必确保你能把它要回来,因为我确定你之后还要将它推荐给很多人。

——肖娜·丹尼斯

高级营销经理

毫无疑问,乔和谢恩拥有讲故事的能力,且影响深远——他们是内容营销领域的顶尖人才。任何想要与客户建立互利且长久关系的人——基本上所有的人,都必须看这本书。

——玛格丽特·麦格纳瑞利

Monster公司市场营销部高级主管、内容主编

致 谢

本书得已成书得益于Contently各位优秀卓越的员工多年来共同的努力。在此,我们有很多需要特别感谢的人。感谢Daniel Broderick和Ryan Galloway,他们负责本书的编辑和事实核查。Kristen、Dillon、Erin、Kieran、Eunmo、Judy、Cynthia、Elisa、Ari、KP、Rebecca Lieb,以及TCS、Quarterly和战略部门的同事为本书的成书做了大量基础工作。特别要感谢的还有帮助我们克服各种困难的Sam、为本书提供指导意见的Kelly,以及为我们提供出版机会的乔和戴夫。感谢Jim和Jeanenne对我们的信任。我们要向Contently团队中默默无闻的英雄Jordan Teicher以及Jess致以最诚挚的感谢,他们对本书的语言和故事提出了有益的修改意见。乔向他的妈妈、爸爸和奶奶致以谢意,感谢他们从未试图让他放弃撰写本书。感谢V先生给予我们严厉的爱,感谢Sam Apple的加入,感谢聊天组里耐心与我们讨论大量内容策略,但不觉厌烦且仍愿意与我们成为朋友的各位。

前 言

几年前,一位面色苍白、眉形狂野的女士背着键盘吉他录制了一段视频。清晨时分,她身着和服,站在澳大利亚墨尔本的一个街角,举着一打用记号笔写的标语。她将标语逐一展示,告诉观众,她是一名音乐家,且在过去的四年中致力于歌曲创作。因为唱片公司要收一大笔钱才肯为她的乐队制作下一张专辑,所以他们和唱片公司分道扬镳了。乐队的成员都很乐意脱离唱片公司,并始终坚持创作动人的乐曲和艺术作品,但只靠他们自己是不可能完成新专辑的录制的。因此,为了让独立乐队的事业继续发展,他们不得不请求大家伸出援手。

一张标语上写着"这才是音乐的未来",另一张上则写着"我爱你"。

然后,她把这个视频发布到众筹网站 Kickstarter 上。

在接下来的 30 天里,这个视频为她筹得了 120 万美元,比预期金额高出 10 倍。将近 25 000 人预订了他们的专辑,购买了他们的作品,甚或直接捐款。专辑和巡演大获成功,利润颇丰。

这位穿和服的女士名叫阿曼达·帕尔默。通过这个众筹活动,她改变了独立音乐的发展前景。她大获成功的关键并不是向人们众筹要钱,而是讲述自己的故事。

故事很重要

在这个世界上,每隔几分钟就会有一条流行语腾空而出,震动商界。众多博主一拥而上,激烈地讨论,然后这些流行语就会被归为像"协同作用"这样的陈旧概念,逐渐被遗忘。而当下,最热门的商界概念之一便是"讲故事"。

营销人士简直为之疯狂。讨论这一概念的会议现场的上座率,完全不逊于百老汇热门音乐剧《汉密尔顿》。

有趣的是,自从广告诞生后,讲故事这个概念就在热词榜上时隐时现。它能不断跃至榜首,是因为它的价值是永恒的。故事推动了整个人类历史的发展,导致了或好或坏的人类行为。

在这个信息时代,企业、员工、领导人都有着前所未有的机遇,可以从群体中脱颖而出,传播自己的意见,通过故事来激发变革。

好的故事总能给人带来惊喜,引发人们的情感共鸣和思考。这些故事会在人们心中留下不可磨灭的印象,它们让人们记住观点和概念的能力是充满图表的 PPT 永远不能企及的。

正是通过讲故事,众多像阿曼达·帕尔默这样的创造者才能在众筹网站 Kickstarter 上获得成千上万名群众的支持。Kickstarter 深知这一点,因此它不仅给予创造者平台,让他们讲故事,更把讲故事变成硬性要求:网站上每个众筹项目必须配有一段视频，让创造者解释自己的项目和需要帮助的原因。

当今社会，互联网、手机短信和各类电子平台改变了人们的生活，讲故事也变成了从事所有工作不可或缺的技能。人们越来越多地获取大量信息，于是讲故事变成了所有企业和个人需要掌握的核心技能。但不幸的是，由于这个时代人们的生活被PPT展示和社交网站的消息更新所占据，很多人已经不知道怎样讲好故事了。

企业需要讲好故事

近期的研究表明，78%的大型企业营销主管认为内容营销（理想化一点，信息、娱乐、教育以故事的形式出现，或只是故事的一小部分）是职业发展的未来。2/3的品牌营销人员认为内容营销比多数广告更加有效。这是一个不容忽视的重要现象。

这种现象的出现在很大程度上是因为社交媒体使人们习惯于和任何人或任何企业进行交流。比如在Facebook的信息流中，我们经常看到"品牌内容"和我们身边人的照片、《纽约时报》的故事同时出现。由于大部分企业都展现出出版商的姿态，因此成功就意味着不仅能把内容放到网上，还能创作出吸引人的故事。

没人喜欢被商品广告打扰，但没人不爱听好故事。在当下，企业能讲好故事便拥有了一大优势（现在确实有很多企业非常擅长讲故事）。

员工和领导都需要讲好故事

在其他条件都相同的情况下，一个人如果拥有强大的"个人品牌"，即好口碑、好名声，就更容易找到工作或晋升领导职位。"个人品牌"正是通过我们自己讲述的故事和别人讲述的有关我们的故事构建起来的。

故事让自我展示更有效，让观点更容易被人记住，还能帮助我们劝服他人。睿智的领导人会通过讲故事来激励员工。这就是为什么政客们喜欢在演讲中穿插故事，并且他们中的很多人都有作者或艺人的背景。

阿曼达·帕尔默通过讲故事获得了成千上万个陌生人的支持，我们自己的故事也能帮助我们建设企业、发展职业生涯。在生活和工作中做出正确决策当然要倚仗科学方案和数据，但真正优秀的商业图书和主题发言人都会用故事来让观众记住他们的观点。当PPT上的数据逐渐淡出记忆后，观众还是会记得他们的故事和思想。

我们是谁

本书作者是两个十分看重讲故事及其对未来商业发展影响的记者。我毕业于哥伦比亚大学新闻学院。那时的媒体世界一团糟——由于媒体经济的瞬息万变和百年来最严重的大萧条，报纸和杂志行业的岗位大量流失。我看到自己那些优秀的同学就业前景暗淡，他们甚至连合适的自由职业工作都很难找到。

与此同时，在做了多年的自由记者后，乔正努力维持自己新创立的电子报刊（《时代快报》）的正常运作，然而广告费正快速下跌。那时，我们两人看到了同一个机遇：社交媒体正在颠覆市场营销和商业广告的发展模式。它使品牌直接接触目标受众的能力达到前所未有的高度。要想好好利用这一机遇，各个品牌就需要招聘它们不具备的人才——优秀的讲故事人。

于是在2010年，我和来自爱达荷的童年好友、互联网企业家乔·科尔曼，以及另一位工程师朋友戴夫·戈尔德堡组队，创建了Contently公司。该公司作为中间人，帮助自由职业记者联系大品牌，为其撰写博客和社交媒体的营销内容。同时，乔创建了自己的作家网络，帮助品牌客户实现内容营销。

一年多以后，我们联合了起来，乔成为Contently的主编。Contently发展成为一个生机勃勃的科技公司，拥有自己的软件，帮助《财富》500强公司和其他公司创造、管理、优化营销内容，建构公司与雇员和顾客之间的关系。我们希望可以给予企业有效的工具，用来讲好故事，并观测这些故事对利润的影响——这样的内容营销才称得上"动人又可靠"。

Contently成了内容营销领域的顶尖科技公司。我们的博客"内容策略大师"（The Content Strategist），成为内容营销行业的每日读物，读者数量上百万。正如谢恩所说，我们在入水时恰逢大浪袭来，而最终成功跃上了水面。

我们两个都是技术怪咖。在 Contently 期间，我们不仅着迷于为企业讲故事的艺术，还沉醉于探究故事背后的心理学和神经科学原理是怎样改变人际关系的。这份痴迷促使我们写作了本书。在书中，我们会讲述很多亲身体会，即书中的很多故事都发生在我或乔的身上。不过方便起见，很多时候会用"我们"来代指我们两个人中的任何一个。你可以想象一下，我们俩共穿一件巨大的衣服，领口钻出来两个头，两人合二为一（这的确是我们正在做的事，别急着批判，这也是我们激发创造力的方式）。

为什么是这本书

如果你选择拿起本书，那么你可能已经听说过内容营销、品牌推广、品牌故事或诸如此类的称谓——网络上充斥着大量关于"内容"的内容，很多人一直在倡导用故事进行营销。即便如此，我们仍旧发现，那些与最重要的环节相关的信息极度缺乏：

- 好的叙事是怎样帮助企业发展的？
- 企业该怎么做，才能讲好一个故事？

Contently 提倡"内容不只是一种营销手段"。我们相信好的叙事是让企业全面发展、不断进步的"秘密武器"。

讲故事能让别人记住你。这使得企业能够具备人才雇用方面的优势，也能够帮助销售人员取得优秀的业绩并提升企业的声誉，还能让企业与员工之间的联系更紧密、信息交流更畅通。我们相信，将故事融入产品、服务、展示和企业传统，能够改变我们工作、生活及企业经营的方方面面。

本书将为你展示该如何达成以上目标。

我们办公室的墙上贴着这样一句印第安谚语：世界属于讲故事的人。随着人们越来越依赖现代科技，我们认为这句话越发应验了。作为商人、企业雇员和领袖，我们应当确保最优秀的人是那些故事讲得最好的人。

正如阿曼达·帕尔默曾用记号笔书写的：这是商业的未来，我们爱你，并希望能带给你独特的影响力。

谢恩·斯诺

The
Storytelling
Edge ——————

目 录

推荐语
致谢
前言

第 1 章 **故事的力量** / 001

  雅克和乞丐 / 002
  谢恩最喜欢的故事：关于瑞恩·高斯林 / 004
  我们的大脑是为故事而造的 / 008
  故事帮助我们记忆 / 009
  故事可以激发"共情" / 012
  故事拉近我们的距离 / 014
  拥有强大的力量 / 021

第 2 章 **讲好故事的要素** / 025

  要素一：相关性 / 026
  要素二：新奇性 / 030
  电影受欢迎程度的数据告诉了我们什么 / 032
  要素三：冲突性 / 037
  要素四：流畅性 / 040

第 3 章　打磨"讲故事"的利刃　/　043

讲故事通用的框架　/　044
本杰明·富兰克林提高故事技巧的方法　/　049
污泥报告　/　054

第 4 章　用讲故事改变商业　/　060

故事如何让产品和服务变得更好　/　064
故事让广告变得更好　/　071
故事让你的销售转换更好　/　074
故事让你的招聘过程变得更好　/　076
故事塑造你的品牌　/　078
我们如何建立地球上最有影响力的内容策略博客　/　083
步骤一：承诺一项任务　/　084
步骤二：采用更有针对性的策略　/　085
步骤三：建立策略方法　/　087

第 5 章　建立受众群体的终极方案　/　090

CCO 模式：创造，联结，优化　/　090
联结：讲故事的靶心　/　098
创造：故事漏斗矩阵　/　105
优化：加快效率　/　109

第6章 **品牌新闻室** / 120

人才竞争 / 122
无形的新闻室 / 124
你喜欢什么类型的新闻室 / 125

第7章 **品牌故事的未来** / 127

第一个要点：突破质量讲故事 / 130
第二个要点：精准的策略 / 133
第三个要点：技术帮助及数据优化 / 138
内容决策引擎 / 141
内容操作轮 / 142
策略 / 144
计划 / 149
创造 / 152
激活 / 156
优化 / 158

第8章 **讲故事的习惯** / 165

在你的组织里推销"讲故事" / 166
讲故事的文化 / 171
愿故事的力量与你同在 / 172

第1章

故事的力量

假设世界决议选举一位女王,而我们的候选人已经缩减到了两位:一位是现今的英国女王伊丽莎白,而另一位则是《哈利·波特》系列丛书的作者 J.K. 罗琳。

现在,你必须基于自己对哪位的信任更多,在选举中投出一票。你将做何选择?原因又是什么呢?

几年前,我们十分好奇这个问题的答案会是什么,于是采用了一个有点令人讨厌的方法,即询问了 3000 个美国人。

这场"虚拟选举"的统计结果或许会让你大吃一惊(见图1-1)。

罗琳,一位儿童图书作家,竟然以压倒性的优势打败了另一位候选者——身为一国之君的伊丽莎白女王。

这究竟是为什么呢?

为什么相比一位女王,我们会更愿意相信一位作家?为什么我们会选择一个"讲故事的人",而不是一个具有近一生丰富从政经验的女性?以上这些,又与商业世界有何关联呢?

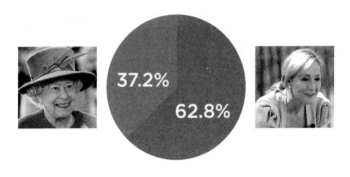

图 1-1

对于以上这些问题,我们都将在本书中一一解答。首先,我们将深入探究与"故事"有关的科学,了解它们是如何作用于我们的大脑的。然后,我们会讲到如何使自己变成一个有影响力的故事讲述者,以及如何运用"讲故事"这样的策略来使我们更有说服力,更高效地工作,以实现商业增长,甚至改变这个世界。

你可能已经猜到了,没错,接下来我们将用几个小故事作为本书的开端。

雅克和乞丐

很多年前,一个叫作雅克·普雷维特的法国诗人在街上走

第1章 故事的力量

着,路过一个向他乞讨的乞丐。不知道怎么的,雅克停住了脚步,开始了与那个男人的对话。

"伙计,近来可好?"雅克问道。

当乞丐转过身时,雅克一下子注意到了他是个盲人。事实上,他身边放置的牌子上也这么写着。

乞丐回答道:"日子不大好过呢。行人来来往往,却鲜少有人在我的帽子里留下几个钱。伙计,你愿意施舍我一点钱吗?"

"我是一个穷作家,"雅克说,"不巧的是我也没有钱。不过,我或许可以为你重新书写你的牌子,你愿意吗?"

"请便吧。"乞丐说。以他目前的处境,已经没有什么可以失去的了,不妨就让这位作家一试。

雅克拿过牌子,将它翻了个面,并写下一句新的话。随后,雅克别过乞丐,开始了他自己的一天。

几天过后,雅克再次走过这条路,遇到了这位乞丐,又问了同样一个问题:"伙计,近来可好?"

这一次,乞丐的语调变了。

"人们最近变得慷慨多了!"乞丐说,"我的帽子每天可以装满三次!谢谢你,谢谢你在我的牌子上写的那句话!"

雅克写的是:"春天将至,但我无缘观赏。"

仅仅通过这一句话,雅克将一句陈述变成了一个故事。可以说，仅凭一句话，他改变了一个人的人生。

现在，让我们先把乞丐的故事放在一边，来看看谢恩最喜欢的故事。

谢恩最喜欢的故事：关于瑞恩·高斯林

瑞恩·高斯林是一位帅气的男演员。

在很长一段时间里，谢恩一点儿也不关注他。

诚然，高斯林是一位很好的演员，但是谢恩并没有看过他主演的那部受全世界人喜爱的《恋恋笔记本》。虽然他知道高斯林在网络爆红是现象级的，但这对谢恩来说并不代表什么。

之后的某一天，谢恩作为观众参加了一个商务会议。有人在台上发表着极其糟糕且无聊的演讲——手中攥着每页挤进密密麻麻的 250 字的演讲稿，滔滔不绝。谢恩已经回复了所有的邮件，于是他无聊地开始浏览起维基百科。

题外话：不要责怪谢恩不认真听讲，毕竟那个演讲实在是太无趣了。

下面是高斯林故事的梗概（维基百科的编者所言）。

高斯林有着一个悲惨的童年。他在加拿大长大（这不是令

第1章 故事的力量

人悲伤的地方)。他的父亲是一个需要四处奔波的销售员,所以他被迫时常搬家。他的父母在他很小的时候就离异了,他最终跟了母亲——一位全职工作的女性。受数次搬家和家庭问题的影响,他经历过一个交朋友十分艰难的时期。直到步入青春期,他才学会如何阅读,远远落后于大多数小孩子。不出所料,他被诊断出患有注意力缺陷多动障碍(多动症,ADHD)。

看电视成了高斯林最喜欢做的事情,他喜爱各种电视节目、电影和演员,比如《米老鼠俱乐部》和马龙·白兰度。

但是,他在学校里饱受欺凌。四处搬家和看电视这个爱好并不能帮助他交到朋友。

该来的总会发生。有一天,高斯林把刀子带到小学,指向了那些曾经欺负过他的小朋友。他决定掌控自己的人生,正如他最喜爱的动作片英雄兰博一样。

12岁那年,高斯林求母亲准许他参加《米老鼠俱乐部》在蒙特利尔的试镜。因为长相可爱又有天赋,他成功拿到了那个角色。

下面就是故事的精彩之处了:由于高斯林的母亲不能和他一起搬去奥兰多,他被另一位母亲收养了(即这位女士成为高斯林的合法监护人)。这个人不是别人,正是贾斯汀·汀布莱克的妈妈。

渐渐地,他在参演《米老鼠俱乐部》时学会了如何表演,也学会了阅读和专注。他,长大了。

发生这些事后,他变成了瑞恩·高斯林。

接着,奇怪的事情发生了。

谢恩在读完这篇维基百科的内容之后,突然想看看瑞恩·高斯林演过的电影,他决定从《恋恋笔记本》开始看起(这确实是一部非常精彩的电影)。谢恩去电影院观赏了高斯林的电影,他和身边的人说,瑞恩·高斯林是个很酷、很本真的人。不久之后,他身边的人已经开始这样介绍他了:"这是谢恩,他心满意足地发现自己是瑞恩·高斯林的忠实粉丝!"

事实上这一点也没错!仅仅是阅读维基百科的10分钟就使谢恩从一个路人变成了高斯林的拥护者,他站在了高斯林这一边,只是因为他了解了高斯林的故事。

尽管这听起来有些奇怪,但是谢恩觉得他和高斯林之间隐约存在着某种联系。

从这两个故事中,我们得到了一些启示。例如,故事是极具感染力的,雅克和盲人的经历及谢恩和瑞恩·高斯林的故事都证实了这一点。它们展现了一个成功的故事要达成的最终目

第1章 故事的力量

的：建立联系，打动人的内心。

人们通常不太关心一个向自己要钱的盲人，但是当雅克向大家分享盲人的故事时，路人会换位思考：当置于这个盲人的处境时，我会有何感受？由此，人们便会转向帮助这个看不见的人了。

谢恩从前并不关注瑞恩·高斯林，而现在的他会亲切地直呼其名。如果他们有缘相见，谢恩一定会给高斯林一个大大的拥抱，但我敢打赌高斯林早就习惯粉丝做这样的事情了。

故事的力量改变了我们的思维，建立起心灵的联系，并使人们从心里在意起来。这不仅很巧妙，而且是有科学依据的。

几年前，一群宾夕法尼亚大学的研究者随机给人们5美元，并让他们阅读一些需要基金捐助的慈善机构所写的信件。当信中对于捐款的请求是基于统计学和一些泛泛而谈的问题时，人们捐的钱会少一些。当那些请求包含在一些较为具体、正受着苦难的个体的故事里时，人们则倾向于捐得更多。

各大电视广告、宣传小册子及个人劝说中有类似的版本，结果都是相似的：一个需要帮助的请求会使你得到一些捐款，但是一个故事会使你得到更多。

这是因为……

我们的大脑是为故事而造的

在一个经典的故事《海洋深处:"埃塞克斯号"捕鲸船罹难记》(作者纳撒尼尔·菲尔布里克)中,1821年一群航海者在驶出南美洲海岸时,遇上了一件可怕的事情。当时,他们在船长秦瑞·柯芬的一艘叫作多芬号的捕鲸船上。有一天,在海平面的中央,一艘小船进入了他们的视野。以下是一段记录了当时多芬号船员所见所闻的日志:

在柯芬的监督下,舵手将船尽可能地靠近那艘废弃的小船。尽管多芬号的行驶动能使他们很快地与那艘船擦身而过,但在那几秒钟里呈现的景象让船员们余生都难以忘怀。

首先,他们看到了骨头——人类的骨头——被乱扔在船的横座板和底板上,仿佛这条捕鲸船是凶猛的食人兽的海上巢穴。

随后,他们看到了两个男人。

他们蜷缩在船的另一头,皮肤上到处都是溃疡,眼睛在头骨的空洞处凸起,胡子因盐分和干掉的血而拧成了一团。他们正在吸食船友骨头里的骨髓。

快!回想一下你刚刚读到的内容,你能回忆起当你在脑中描绘出那些食人船员凝结着盐晶的胡子时,坐在座位上是怎样的一种感受吗？有人在你读到这段时，刚好在你的房间里咳嗽了一下吗？你当时感受到窗外的噪声了吗，有卡车经过的声音或任何警笛声吗？

当你读完那段文字的时候，你的大脑已经让你全身心地进入那个故事了。你的想象力会自动填补场景，而现实中的周遭环境会慢慢隐去，变成你意识的背景。这就是乔纳森·歌德夏在他那本精彩的《讲故事的动物》里，分享这个有趣的小故事时提到的概念——"故事的魔力"。从生物学的角度来讲，我们的大脑就是这样运作的。

人类被设计成善于想象、戏剧化、沉浸在精彩故事中的一种生物。想想上一次当你在看一部电影或一本书的时候，是否突然间被房间里的噪声拉回现实。你一开始并没有意识到自己已经对周遭失去了感知，也没有注意到现实与故事世界的边界在你的大脑里开始消逝。这个过程（即我们每天在夜里入睡时都会经历的过程）是人类的一种生存机制，能帮助我们更好地将信息储存在记忆里。

故事帮助我们记忆

大脑具有语言处理和语言理解的功能（见图1-2）。

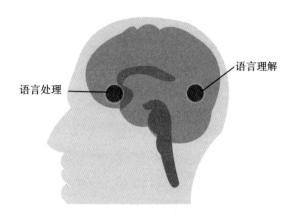

图 1-2

我们知道,当我们听到或者阅读一个故事的时候,大脑的这些区域会被激活(见图1-3)。

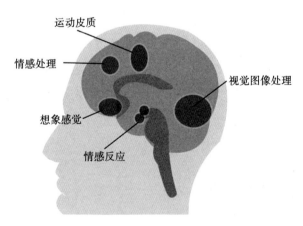

图 1-3

第1章 故事的力量

令人惊奇的是,当大脑通过一个故事,而不是以常规途径接收信息的时候,更多的区域会被激活。当我们听到一个故事的时候,脑神经活动会增强五成,就像一台发电机瞬间点亮了我们的思维城市。

科学家有一种说法:"同时被点亮的神经元,会紧密联结在一起。"当大脑有更多部分同时运作的时候,它记住当下所做工作的概率会呈指数增长。

举个例子,假设你正在上高中的健康课,老师用PPT向你们演示。第一张幻灯片上放了一张图,内容是每年有多少人死于或毁于毒品的统计数据。然后,老师对你们说:"毒品是危险的。"

这时,你大脑中管理语言加工和理解的区域会开始工作,吸收这个信息。

现在,假设换了一个老师,他采用另一种方法向你们说明问题。首先,他展示了一张帅气少年的照片。"这是约翰尼,"他说,"他曾经是一个好孩子,但是有段时间由于被家庭问题困扰,他很难快乐起来。他很文静,但经常被同学刁难。所以,他开始和其他同样受到欺凌的孩子一起玩耍。直到有一天,他们中的一个人把毒品递给了约翰尼。他开始大量地吸食毒品,来让自己在精神上好过一点。十年后,他变成了这个样子。"此时,幻灯片切换到一张20多岁年轻人的照片,他看上去十分病态,连牙齿都少了几颗。然后,老师对同学们说了和上文同样的话:"毒品是危险的。"

在这堂课上,你的大脑的各个分区都会被激活,尤其是那些帮助你想象约翰尼的生活、他的所思所想,以及你会如何看待相同的事情的区域。

不意外的是,第二种演示方式(通过一个故事)更利于记忆。听了那堂课的同学,在有人向他们递毒品的时候,有更大的概率会想起约翰尼。不管他们最终会做出怎样的选择,他们都更有可能记得"毒品是危险的"这条信息。

通过这个例子我们想说明什么?当我们通过故事得到信息的时候,有更多的神经元参与其中,于是故事就会更牢靠地与我们的记忆紧紧相连。

试想一下,你可以怎样利用这个原理,改变你的下一次演讲?

故事可以激发"共情"

几年前,科学家为了研究故事是如何作用于我们的大脑的,在电影院里召集了一群志愿者。科学家给志愿者戴上了绑

第1章 故事的力量

有监视器的头盔,以测量他们的心跳和呼吸,并且在他们的身上放置了出汗记录仪。在试验开始前,志愿者紧张地东张西望,时不时地在小声交谈中发出笑声,并摆弄着头盔的带子。

随后,电影院开始播放詹姆斯·邦德的电影。

在电影播放时,科学家密切地监视着志愿者的生理反应。当詹姆斯·邦德身处一个令人紧张的场景时(如悬挂在悬崖边上,或者正在与一个坏人打斗),志愿者的心跳会加速。他们跟着紧张得流汗,注意力完全集中在电影上。

还有另一件有趣的事情发生了:与此同时,他们的大脑合成了一种叫作催产素的神经化学物质。

催产素是能使我们"共情"的秘密,因为它会向我们发送"你应该关心某人"的信号。在史前时期,催产素能非常好地帮助你辨别正在接近你的人是否会威胁到你的安全,他们是朋友,还是会狠狠地击打你的头部,并偷走你从毛茸茸的猛犸象身上切下来的肉排的敌人。大脑通过催产素帮助我们辨识同族人,这样大家才可以相互帮助着生存下去。

当詹姆斯·邦德身处危险时,我们的心跳会加速是因为我们的大脑辨识出他(这个我们熟识的角色)是我们的"同族人"。于是,当我们观看电影时,催产素的分泌使我们随着故事的进展与角色共情。如果在这个故事中有更多的部分是我们亲身经历过的，我们的大脑就会分泌更多的催产素。

在某种程度上，这意味着我们并不仅仅是在观看詹姆斯·邦德的表演，而是已经将自己代入了他的角色。从深层生理学的角度看，这表示我们十分在意他。

事实上，催产素的水平可以用来测试人们对他人共情的能力。

有一个有趣的事实！当前，我们已经研发出人工合成的催产素，它可以像丙酸氟替卡松（鼻内用肾上腺皮质激素类药）一样通过鼻腔注射。科学家利用它做的第一件事，便是在让人们吸入它之后，问他们是否愿意给慈善机构捐钱。

我想你已经猜到了，相比普通人，吸入催产素的人会更慷慨地捐款（或许有些药物并没有那么糟糕呢）。

故事拉近我们的距离

当你了解一个人的故事后，就很难不与他产生情感上的关联。不管我们喜不喜欢，我们从故事中获得的启发与感悟都有助于我们关注他人。

下面这段故事基本上是电影《早餐俱乐部》的开篇部分。在某一个星期六，一群不合群的学生被罚留校。一开始，他们互相看不顺眼，非常煎熬地坐在同一个空间里。慢慢地，他们决定敞开心扉，开始分享自己的生活、父母，当然也少不了谈谈梦想。随着电影的发展，他们几个人之间形成了一种联系。当他们离开阅览室（他们被罚在图书馆的阅览室里温习功课），回到各自不同的世界中后，依然保持着紧密的联系。他们或许不会成为最好的朋友，但是如今的他们会相互理解和尊重。你可以想象他们联手对抗校园恶霸，或者在高中毕业以后，当身边的小团体开始瓦解时，他们却成为亲密的朋友。

更有趣的是，我们甚至不需要通过分享自己的故事来和某人建立起关系，因为几乎分享任何故事都是有意义的。2011年，在一项发表在《教学和教师教育期刊》上的来自新西兰的研究中，研究人员将不同种族和经济背景的孩子聚集在一起，进行一系列分享故事的活动。研究人员发现，即使孩子们没有分享自己的故事，只是照着故事书朗读，他们也会对彼此产生共情，从而在情感上更加亲密。随着他们慢慢长大，与其他孩子相比，他们会有更少的种族主义和阶级主义思想。

研究人员总结道："讲故事能培养共情力、同情力、宽容力和对差异性的尊重。"

这就是人们仍然会选择在约会的时候看电影的原因。从表面上看，一场在电影中度过的约会十分糟糕，因为两个人对电影的体验是分离的,这使得看电影变成了一项仿佛让两人置身于平行世界的活动——没有和约会对象进行互动。然而,它也变成了一种共同的体验。因为你的大脑在体验电影中的故事这件事上,有比其他经历更加深刻和生动的记忆,所以这个故事在你的潜意识中会变得更有意义,即使电影本身很糟糕。事实上,你和你的约会对象会因为一起体验了同一个故事而变得更亲近。

讲故事还以另一种方式在人类的生存中发挥着作用。当我们第一次建立文明的时候,不同的人群建立起部落。我们拥有强大的大脑,但是我们必须保护它免受剑齿虎、有毒的浆果及成千上万随时可能杀死我们的其他东西的伤害。人类必须结群合作才能得以生存,所以我们必须一起打猎,一起收集食物,一起建造庇身之所,并将我们得到的经验和教训传授给下一代,让他们也能存活。

但是,当我们没有书面语言来记录所学到的东西时,我们是如何生存下来的,又是如何做到这一点的?答案当然是,故事。

进化生物学家认为,人类的大脑进化出讲述、想象并且梦见故事的能力的时间,与我们学会说话的时间是差不多的,因为讲故事也是语言发展和延续的重要一环。

所以,我们会像古时候的部落人一样,在工作日结束时聚

第1章 故事的力量

在一起,从我们花费在"狩猎""采集"和"建造"的时间中感知来自这广阔世界的刺激,然后把它们包装成那些帮助我们记忆的故事。

想想那些令你为之忠诚的事物,例如你的家人、国家或你最喜欢的体育队伍。我们的忠诚有些时候并不理智,就像我们的家人可能并不总是那么好相处,我们的国家可能并没有给我们所需的一切,我们最喜欢的队伍可能是纽约喷气机队。

你为什么会喜欢一位住在遥远的地方且从未见过的祖父母,或者一位社会和政治观点正好与你相反的叔叔?除了他们也爱你这一事实之外,你可能花了很多时间在餐桌上或走廊中听关于他们的有趣故事。不管距离或差异如何,这些故事都加强了你们之间的联系。

为什么美国人如此热爱他们的国家?在撰写本书[⊖]时,美国的教育和医疗体系比大多数发达国家更昂贵且排名更低;工作保障率很低,收入贫富差距却很大。美国监狱中的人比世界上任何一个国家都多(人均占比比除了塞舌尔以外的任何一个国家都多,而塞舌尔是个有很严重的海盗问题的国家)。诚然,美国有很多令人赞叹的地方,但也有很多地方需要改进。即便如此,美国人在日常交谈中仍称它是"世界上最伟大的

⊖ 本书英文版于2018年出版。

国家"。

这是因为美国人在成长过程中听到的都是关于这片土地的一些"无法无天"的故事。美国的故事完完全全像好莱坞的影片一样，是一群被压迫者的故事。那些"不合群的人"对抗当时地球上最强大的帝国，打赢了一场几乎不可能胜利的自由之战。这样的故事将各种英雄的形象深深烙印在我们的脑海里：波士顿倾茶事件引发了轰动的示威游行；开国元勋们率领着一支穿着破烂靴子的革命军队，华盛顿潜行穿过冰冷的特拉华河，发动了一场扭转整个战争走向的突袭。关于特斯拉、爱因斯坦和所有伟大的发明者、创新者和开拓者的故事，也因为他们移民到了美国而有所不同。

当喷气机队不断地让你失望时，为什么你还会喜欢他们？也许是因为你在成长过程中听到过关于他们的故事（比如乔·纳马斯和他的毛皮大衣）。又或者，当你把观看喷气机队比赛时发生的一些戏剧性事件与你的父母、兄弟姐妹或大学室友的故事联系在一起的时候，你已经通过这些故事与这支球队建立了一种超越理性的联系。不管这个故事是关于 Butt Fumble[一]的，还是关于季后赛中爱国者队不可思议的不安的，它都形成了一种难以打破的纽带。

[一] 纽约喷气机队和新英格兰爱国者队于2012年感恩节的比赛。——译者注

第1章 故事的力量

这些故事及这种纽带会帮助你度过艰难的时光，这样你就可以和你支持的队伍和国家（或任何人）一同努力前进，而不是在第一次面对问题时就放弃。自人类围绕着篝火而居以来，就是这样一起克服重重困难的。

研究表明，经常一起吃晚餐的家庭关系会更牢固，这在很大程度上是因为我们在家庭晚餐中做的事情：讲各自的故事。我们在互相询问这一天发生了什么的同时，也让那些戏剧化的事情重演了一遍。通过分享这些故事，我们建立了信任和关怀的关系。

这也是信仰传递信息的方式：我们通过故事记住寓言和人生教训，以及我们需要做些什么来成为更好的人并学会照顾他人。故事是连接人们各种不同生活的桥梁。

历史上的每一次伟大运动都用故事来激励人们围绕一个共同的目标而走到一起。1963年，当我们在华盛顿特区游行时，成千上万的来自不同背景的人因为罗莎·帕克斯和其他人的故事结成了一支军队。那些故事改变了人们对公民权利的看法，或者说让他们足够在乎而愿意为之抗争。

当你回顾商业历史，看到那些建立了最大忠诚度的公司都是以讲述故事为主业的时候，应该不会感到意外。它们分别是报纸公司、杂志公司、电影制片厂和电视制作公司，每天通过故事向人们传达教育及娱乐的意义。它们在吸引人眼球和保证持续性的关注度上如此成功，以至于众多品牌愿意为了在那些故事中穿插自家的广告而支付数百万美元。

这些媒体公司给我们上了一课，那就是所有伟大的企业都需要知道：如果你想让人们购买你的产品，那么你必须让他们关心你的故事。

例如，在2010年之前的那几年中，福特汽车公司发现自己陷入了困境，因为人们认为它的汽车质量低劣，与此同时，其他国家的汽车似乎越来越好。人们对福特汽车感到十分失望，其销售额也持续下降。后来，福特汽车公司用故事让人们再次关心其汽车的发展，他们让纪录片摄制组进入工厂采访了在装配线上工作并设计下一代车辆的员工。他们对镜头说："我们知道这次搞砸了。虽然福特已经不再有以往的光景，但是我们都在努力扭转局面，让我们的汽车再次变得优秀起来。我们将向你展示一些人的故事——他们是你的邻居，他们正在研发这些汽车，他们正在努力让这款产品成为你喜爱的产品。"

这些故事使福特与顾客冰释前嫌，让人们更多地关注该公司及其未来的计划。在福特努力打好翻身仗的漫长努力过程中，上述故事成为其早期的绝妙一步。

第1章 故事的力量

拥有强大的力量

你会发现，我们对故事有些着迷。故事在历史上已经发挥了非常多的积极正面作用：它帮助我们生存至今，帮助我们建立人与人之间的关系并形成了社会，帮助我们发起运动和商业活动。它是我们身为人类最重要的一个组成部分。

几年前的一天，我们决定进行一项研究来重现雅克·普雷维特和乞丐的故事的影响。我们在谷歌图片上发现了两个无家可归的人的标语（见图1-4），并询问了3000人，如果他们有1美元可以捐赠，他们会选择捐给哪一个人。一个标语是请求帮助的营销宣传，另一个标语则是一个故事。

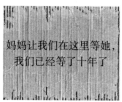

图 1-4

当然，我们的假设是故事标语会得到更多的捐助。只是，这个标语比另一个更加有效的程度是多少呢？

然而，调查统计的结果令我们大吃一惊（见图1-5）。

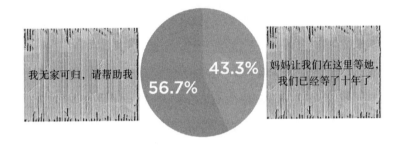

图 1-5

那个讲故事的标语没有赢过另一个。

当我们深究此事的时候，我们询问了每一个被调查者选择自己答案中的那个选项的原因。大部分选了第一个标语的人是这样说的：选择第一个标语并不是因为它看起来更好，而是因为觉得第二个标语的故事看起来不像是真的。

显而易见，故事本身当然不是真的。没有人会站在街角等妈妈出现，而且一等就是十年。这是一个糟糕的标语，也很明显是一个恶作剧（事实上，大多数选择故事标语的人的理由是，它看起来太好笑了，而不是因为他们觉得这个故事

第1章 故事的力量

是真的)。

这说明了一个要点:虽然我们人类是为故事而生的,但我们有与生俱来的辨别能力——我们会感知到错误的东西。尽管好的故事拥有强大的力量,但是一个欺骗人的故事很可能适得其反。

我们已经谈了很多关于故事如何被用在正面意义上的事情。但是在历史上,故事也曾被用于邪恶的一面。历史上的独裁者们用故事来激发恐惧和不信任——通过分裂来建立人们对自己的忠诚,并让人们相信错误和可恨的想法。

好消息是,如果你把故事用于邪恶,真相会浮出水面。最终,公民会进行反抗,这些故事便会失去它们的可信度,好人也会转而揭发骗子。

作为21世纪的人(或公司),我们不能成为不诚实的故事讲述者。我们需要深刻认识到,要想用故事来建立关系,就不能撒谎。为了让故事产生强大而持续的影响力,我们必须言行一致。当你把污水倒回河里时,你就没有资格在YouTube上传关于保护环境的视频。这并不是说,我们不能通过虚构的小说故事来建立联结。例如,尽管人们知道J.K.罗琳的故事是虚构的,但还是会把"世界女王"的一票投给她。她这样写故事是没有问题的,因为当我们拿起系列小说《哈利·波特》时,我们知道自己将读到的是什么。罗琳与我们的约定是,她将会给我们讲述一个关于魔法师学校精彩绝伦的魔幻故事。她履行了这个约定,言行合一。

这提醒我们回到本章最开始的那个问题:为什么我们会信任讲故事的人,多过于一位君王?为什么投票给J.K.罗琳的人比投给伊丽莎白女王的多?在我们的调查中,大多数人都说:"因为我觉得自己好像更了解她。"

确实,我们更了解她。通过七本书和数千页的文字,我们了解她关心什么,她是如何思考的及她爱的人是什么样的。我们与她笔下的角色有共情,而这些角色也让我们想起了自己在生活中关心的人。在这个背景下,我们工作着的大脑会疯狂地分泌催产素,这会使我们的思维猛烈地碰撞。

第2章

讲好故事的要素

如果加利福尼亚州的警察莫德斯托的工作干得不那么出色，或者如果乔治·卢卡斯并不是一个鲁莽的司机，那么就不会有《星球大战》。

在成为一名电影制作人前，深受人们喜爱的《星球大战》的创作者卢卡斯想成为一名美国空军的战斗机飞行员。但他因超速被罚多次，因此没有被允许进入空军。

卢卡斯的备选计划是上电影学院。因此，经过十年的工作和无数件令人头痛的事情后，我们看到了《星球大战》，一个地球上人人都听说过一些的故事（在《〈星球大战〉如何征服宇宙》一书中，作者克里斯·泰勒遍访了各偏远部落，试图找到一个在某种程度上未受《星球大战》影响的成年人，然而一个都找不到）。

《星球大战》适合每一个人。就算你是一个很糟糕的人，并且不喜欢《星球大战》（或者你可能只是不那么喜欢科幻题材),它至少还有一件事适合你——我们称之为"精彩故事的四要素"模板。

要素一:相关性

《星球大战》具有与生俱来的人类冒险性和趣味性,但如果你想真正理解是什么让第一部《星球大战》电影如此受欢迎,你需要欣赏其中活跃的文化。

20世纪70年代,美国在与苏联登陆月球的竞赛中取得了重大胜利。越南战争、内乱及许多糟糕的迪斯科音乐使得当时的世界动荡不安。美国人怀念20世纪50年代无忧无虑的旧时光、大力士中型汽车和瘦骨嶙峋的猫王。

乔治·卢卡斯是20世纪50年代的汽车文化和怀旧的美国史料的忠实粉丝。当你观看第一部《星球大战》电影时,会发现他对快速、咆哮的机器的热爱撕裂了整个屏幕。他对其他一些东西的热爱也是如此,包括漫画书、功夫电影和老巴克·罗杰斯的科幻探险小说。

卢卡斯把所有这些他热爱的东西(也是20世纪70年代的美国民众所热爱的)全部揉捏在一起,创作了《星球大战》。达斯·维德戴的面具就是模仿功夫头盔而制的,他的冲锋队员也是受到了功夫军的启发。超速驾驶员看起来像大力士中型汽车，太空船类似于美国宇航局可能很快会建造出的东西。服装来自巴克·罗杰斯，故事情节直接取自《英雄之旅》中约瑟夫·坎贝尔的理念（我们稍后会介绍）。

换句话说，《星球大战》是一个由一大堆我们所熟悉的东西组合而成的宇宙。尽管它呈现的是很久以前生活在遥远银河系中的太空生物，但它抓住了伟大故事的首要也许是最重要的元素：相关性。

我们的大脑对于讲述过于陌生的事物是厌恶的，我们很难让自己足够舒适地投入在一个太陌生的故事里。

相反，我们会对那些和我们有关的故事着迷。基本上可以说，我们所生活的星球是一个"自恋的星球"。

要让我们接受《星球大战》中陌生的部分，比如空间里充斥着外星人的吵闹声，我们需要熟悉的事物来让我们感到舒适和喜爱。一个故事越是与我们相关，我们就越有可能被吸引。

例如，BuzzFeed⊖通过专注于我们对故事相关性的热爱，成功吸引了数百万人的注意力。

拿一个典型的 BuzzFeed 头条为例，如"如果你和亚洲父母一起长大就会理解的 25 件事"。我们并没有和亚洲父母一

⊖ 美国新闻聚合网站。——译者注

起成长，但是当我们看到这个故事时，我们会把它转发给我们的亚裔美国朋友，然后我们的朋友会笑着把它转发给他认识的每个人。数百万人读完了这个故事，因为某些群体（亚洲孩子和他们的朋友）和它如此相关，因而他们必须来看看这个故事。

BuzzFeed 针对大学做同样的事情。BuzzFeed 上充斥着诸如"21 件只会在斯坦福发生的事情"的帖子。它几乎在国内所有的大学里都重复这个模式，这是因为它知道斯坦福大学的学生会在 Facebook 上分享这篇文章，这篇文章将在在校学生和校友中传播。

BuzzFeed 和许多现代互联网中的病毒式网站成功的秘密之一是，它们不会试图将每个故事讲述给每个人，它们试图与特定身份的群体建立非常深入的联系，并赌定这些群体会大量地分享这些故事。

这就是为什么角色导向的故事如此有影响力，以及为什么那些倾向于成为我们最喜欢的角色的是与我们喜爱之人或我们自己相似的角色。

《星球大战》如此伟大的部分原因在于，它将丰富多彩的角色组合了起来：出身卑微的孩子和他的伟大梦想、聪明而刻薄的公主、善良的流浪汉、争吵的机器人夫妇 C-3PO 和 R2-

第2章 讲好故事的要素

D2，以及 Wookiees 这个种族。我们对这些角色富有同情心，在他们身上看到了一些东西，我们关心他们。

有趣的是，心理学中的一个概念解释了《星球大战》中恶棍的吸引力。虽然我们可能讨厌故事中的坏人，但那些让我们着迷的坏人也是让我们可以从中看到自己的人。心理学家卡尔·荣格（Carl Jung）将它称为"阴影"。他的研究表明，我们倾向于厌恶那些体现了我们不喜欢的自身品性的人。

这说明了达斯·维德的伟大之处。他是一个非常糟糕的好人。当我们读他的故事时，我们下意识地看到了自身存在并与之斗争的恶。这让我们反常地喜爱上这个恶棍，尽管我们可能不会支持他。

这也解释了为什么 20 世纪 70 年代的第一部《星球大战》电影如此受人喜爱，为什么 2015 年的《星球大战 7：原力觉醒》比 20 世纪 90 年代上映的三部前传更加深受好评。

20 世纪 90 年代的电影引入了很多人们觉得太陌生的新角色和元素。人们看到了太多新的故事情节，速度太快，全都是一下子出现，如 Jar Jar、格里弗斯将军和杜库伯爵的出现。他们试图融入电影中的怀旧感觉，但太勉强了，这并不与他们相关，因为不自然。儿童阿纳金建造 C-3PO 的笨拙背景故事，以及这个机器人会随时结束参与偷走成型的阿纳金死亡之星超级武器的计划,不是怀旧的讽刺,而是老生常谈。

在 2015 年上映的《星球大战 7:原力觉醒》中,电影启用了之前的角色、主题,模仿原作的情节线条。虽然许多评论家认为它太像原版,但人们一共花费了 10 亿美元来观看它。

这很好地提醒了我们,我们抓住的是将我们与过去的事情联系起来的故事。

要素二:新奇性

当你把一个人的头放在扫描仪下并向他展示他以前从未见过的东西时,他的大脑会被点亮。事实上,这个点亮的程度要比你向他展示他以前见过的东西时强烈得多。

这是因为我们的大脑对新奇事物是极其兴奋的。从进化的角度看,我们注意新事物是因为我们需要确定其是否具有威胁。再次重申,这是我们如何生存的一部分。

当然,太新或完全陌生的东西有可能吓到我们。当遇到新事物时,我们的大脑会保持高度警惕,随时准备战斗或逃跑。

将相关性运用得最好的故事,就是让我们参与其中,并运用新奇事物吸引我们的兴趣的故事。它们通常在开头通过我们可能关心的角色或场景让我们感到舒适,然后将新奇事物的有

第2章 讲好故事的要素

趣部分融入情节中。

再回想一下《星球大战》。

我们从天行者卢克卑微的出身开始讲起,他在一个无聊的沙漠星球上坚持做着湿地农夫应做的日常工作,突然间被卷入了一场大冒险。随着冒险的进行,我们跟随他越来越深入外国领土。这太令人兴奋了。

保持相关性和新奇性的平衡至关重要。如果我们能够很快地投入新奇事物,那么可以看看20世纪90年代的《星球大战》。在这些电影中出现了很多新事物,我们发现自己在问:"我为什么要关心?"就像我们经常问的那样:"到底发生了什么?"

同样,如果故事没有足够的新奇性,它就吸引不了我们的注意力(见图2-1)。

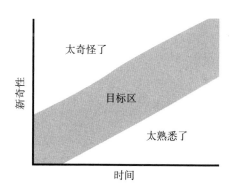

图 2-1

现在,你可能会想,既然新奇性对好故事如此重要,那为什么好莱坞要粗制滥造出如此多的续集呢?

我们想知道同样的事情。我们有没有遗漏什么东西?原版电影的相关性是否超过了拍不同电影的新奇性?

我们仔细研究了600部电影续集的表现。

请准备好迎接一些书呆子式的分析!

电影受欢迎程度的数据告诉了我们什么

好莱坞的第一部电影续集《一个国家的衰亡》(*The Fall of a Nation*)在100年前问世。从那以后,电影公司一直在认真地拍摄续集。有些做得很好,比如1974年赢得奥斯卡最佳影片奖的《教父》第二部,以及1980年打破电影票房纪录的《星球大战5:帝国反击战》。这鼓励了更多的续集制作。

快进到2016年,在新年的雪融化时,纽约已经出现十几部续集电影,包括《超级名模2》《佐州自救兄弟2》《卧虎藏龙2》《叶问3》和《功夫熊猫3》等。到2016年11月,影院已经上映了35部电影续集。

有趣的是,2016年的1/4的续集是在上一部放映后的十多年内发行的。这些后期续集的数量每年都在增长(见图2-2),

这暗示了电影制片厂要么缺少原创想法，要么越来越多地将续集视为有利的投资。

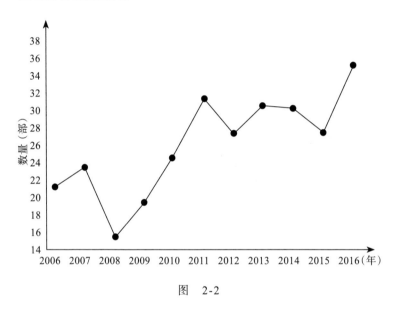

图 2-2

续集比原作好吗？这个问题前提是续集的新奇性获胜，所以我们假设这个问题的答案是否定的。那为什么我们还要继续制作续集呢？

说明电影成功所引用的最常见的数据是票房收入，尽管使用电影票销售额作为品质的代表有两个问题。首先，由学院提名最佳影片的电影从来不是票房最高的电影，而大多数票房赢家都没有进入提名名单的前50名。

让我们暂时搁置一下。

第二个问题,也是更大的问题是收入往往是营销带来的。预算越大(比如一部赚了很多钱的电影的续集),越可能会产生高票房。在这种电影的续集上多投钱是一种相当安全的赌注。可是电影票销售的情况表明,尽管预算有所增加,但续集的利润往往会持续下降。尽管在理论上推广电影花费得越多,电影会越成功,但更高的预算往往不会带来更多的净利润。

让我们将话题缩小至我们研究的600部续集(从2006年到2016年的每一部续集,加上前几十年的几百部续集)。平均而言,系列中的第一部续集都比原作更赚钱,尽管如上面分析的那样,这并不意味着续集的利润更多。第二部续集往往比第一部续集赚钱少。像2009年的《星际迷航》一样,重新启动通常比前作更赚钱。

然而,这些是平均值,会被一些特殊情况所扭曲。当我们查看中位数时,我们发现典型的续集(包括重拍),在影院上映时戏剧性地比原作赚的钱还少。

事实上,减少了20%～40%!

即使续集通常比前作赚的钱少,但它们仍然比普通的电影赚的钱多得多。

第2章 讲好故事的要素

怎么会这样呢？如果续集通常比原作更糟糕，那为什么之后某一年的续集会比原作更赚钱呢？这些数据实际上很好地说明了这个情况：只有当第一部电影取得巨大成功时才会制作续集。

虽然制作热门原创电影的机会很少，但基于现有热门影片制作续集会受到关注。

在电影业中，续集只是更安全的赌注。

然而，正如我们之前提到的那样，票房并不一定与品质相关联。让我们来看看观众在购买电影票后对续集的感受（见图2-3）。

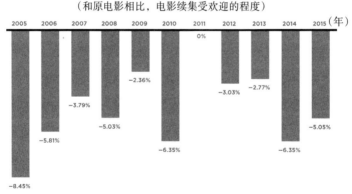

图 2-3

事实已经很清晰了：我们更喜欢原作。我们可能会付钱看续集，但我们不会像喜欢新电影那样喜欢重新制作的电影。这在好莱坞是被接受的，2014年的《龙虎少年队2》(即《龙虎少年队》的续集)的整个情节，就是一个自我暗示的想法续集，只是重复了同样的故事。换句话说，续集重复原作体系的想法已经在好莱坞变得如此常见，以至于整部电影通过嘲笑这种想法而获得了极大的成功。

但有没有例外呢？是否还有诸如《指环王3：王者归来》和《星球大战7：原力觉醒》这样给我们留下深刻印象，同原作相当或超过原作的续集呢？当放大例外情况时，你会发现续集倾向于分为两个不同的类别：表现最差的续集基本上是重复——类似的情节、类似的笑话，基本上是90分钟的怀旧；但表现最好的续集往往是建立在强大的故事情节之上的——它们不是续集，它们是传奇。

事实证明，作为传奇的一部分的续集和它们的前作一样受欢迎。它们的收视率与原作一样好，重新启动通常比旧版本获得更多支持的评价。我们喜欢新奇！我们只是不喜欢重复。

最近，位于得克萨斯州圣安东尼奥宾厄姆顿的南佛罗里达大学的明斯特和洛桑二位教授进行的创新研究解释了，为什么同重复的故事相比，我们倾向于喜欢传奇的连续故事情节。研究人员得出的结论是，人们更喜欢将熟悉角色的安全感与新奇冒险的兴奋感相结合的连续故事情节。换句话说，我们想要新奇，但我们也需要相关性。

根据研究，最好的故事会随着时间的推移小心地平衡这种动态。当故事变化太大时，观众会反感。但是，当故事保持不变时，观众又会觉得无聊。

开辟新天地的电影有《飘》《公民凯恩》《星球大战》《侏罗纪公园》和《阿凡达》。如果你正在拍电影，那么你可能确实会通过制作非原创的影片赚钱，但人们不会喜欢它。在讲故事方面，新奇创造了最大的赢家。

要素三：冲突性

在电影《碟中谍3》的开头有一个场景：演员汤姆·克鲁斯扮演的英雄伊桑·亨特被绑在椅子上，他遇到了很大的麻烦。坏人用枪指着亨特妻子的头，并说数到10之前要他给出坏人要的信息，否则就开枪："兔子的脚在哪里？！"

"我不知道!!!"亨特很疯狂。

坏人一直数到10，然后屏幕一片空白。

之后，电影又追溯到几个月前，开始讲述导致亨特绑在椅子上的冒险。

当谢恩第一次看《碟中谍3》时，他本想在电影的开头去洗手间，然而因为这个场景他忍住了。他不想错过正在发生的故事。

谢恩不去洗手间的这个故事说明了一些非常强有力的事实。极佳的故事叙述的第三要素是冲突性——有人把它叫作矛盾，也有人把它叫作好奇心缺口。无论你把它叫作什么，冲突性都能将一个好故事变成精彩的故事。

史上最精彩的故事都具备情绪的拖拽、推理、假想和"我无法相信"。这个要素让我们无论多么内急都不会离开座位。

如果要写出最糟糕的爱情故事，那很有可能是这样的：杰克和吉尔是邻居，一起长大，他们从小就是朋友。他们决定结婚了，为什么不呢？这符合常理：两家都很熟悉，大家都觉得很好。

如果我们在电影院里看到那样的电影，无论何时都会内急，并要求退回票钱。没有冲突，没有困难，没有剧情，一切都只是还好，这令人感到乏味。

与无聊的爱情故事相反的要数《罗密欧与朱丽叶》，这个经典故事的成功是由于有许多事情阻碍主角。他们的家庭彼此憎恨，所以他们必须偷偷恋爱；他们愿意为彼此而死，这样才

第2章 讲好故事的要素

能在一起。所有这些冲突让电影极其有力。

在《星球大战》出现的很久之前,亚里士多德描述过冲突性是如何成就一个精彩的故事的。他说,一个精彩的故事确立了什么,然后确定会成为什么,故事讲述者的工作就是缩小差距并建立一个新的差距,一直重复直到故事结束。

当然,《星球大战》充满了冲突。尽管它是围绕着一个家族展开的系列电影,但它绝不是一个和平的旅程。

坏人是家庭成员,他们炸毁了行星,你所爱的人几乎在每一部《星球大战》中都死去了——这就是成就好故事的因素。你不知道会发生什么,谁会成功。角色如此渴望得到什么,并且同逆境做斗争,以至于你必须一直观看。在死星攻击场景中,没有人会起身去洗手间。

在每部电影结束时,我们微笑着。

即使是吊人胃口的结局也会让我们的大脑开心。当那个管弦乐队开始演奏,片尾浮向太空时,我们松了一口气,我们的心率平静下来。

《星球大战》中的冲突有助于我们置身于现实世界中不存在的地方,在那里我们的大脑通过神经化学物质来帮助我们理解角色。

当然,这是讲故事的全部内容。

要素四：流畅性

不久前，我们和一些朋友讨论如何成为更优秀的作家。我们如何能更聪明地写作？如何能增加作品的复杂性？

出于好奇，我们把一些作品放到自动阅读水平计算器中。我们惊讶地发现谢恩的作品是八级的阅读水平，乔也是如此。哎哟！

然后，出于好奇，我们决定把一些优秀作家的作品放到阅读水平计算器上。结果非常有趣。

我们发现，当把欧内斯特·海明威的作品放到阅读水平计算器上时，他获得了四级的阅读水平。当把科马克·麦卡锡、J.K. 罗琳和其他作品销量为数百万册的作家的作品放到阅读水平计算器上时，你会发现他们都以极低的阅读水平写作。

这个结果让我们痴迷。我们把 Kindle 中的所有东西都放到阅读水平计算器里，然后制作了一堆图表。我们看了报纸和杂志及以优秀作品闻名的作家的作品。

虽然最初是违反常理的，但结论很简单：对于特定主题，最受欢迎的作家会以低于同龄人的平均写作水平和阅读水平为依据写作。选择科学题材并能降低阅读难度的作家往往比处在科学水平上写作的作家更成功。

这不仅适用于良好的写作。这是精彩故事的第四个元素，

第2章 讲好故事的要素

我们称之为"流畅性"。

这个原则基本上是谢恩最喜欢的新闻教师之一过去经常说的:"伟大的作品能让你快速前进。"

她是对的。一个好的故事不会让你思考其所使用的词语或故事本身的机制,一个优秀的故事讲述者会以一种不强迫你思考词汇意思的水平讲述。你专注于正在发生的事情,尽管你不知道偶尔出现的词的定义。无论是在电影中、写作中,还是在口头叙述中,一个优秀的故事讲述者都会运用相关性、新奇性和冲突性抓住你的注意力。然后,他们会以一种你不必思考任何事情的方式讲述故事。

《星球大战》再次证明了这一点。

乔治·卢卡斯总是说他希望在整部影片中有一种运动感,他不希望人们放慢速度来思考发生了什么。

有趣的是,《星球大战》对这种流畅性的掌握并不是卢卡斯自己做的,这是他的前妻玛西娅·卢卡斯与电影的另外两位剪辑师(理查德·丘和保罗·赫希)的作品。他们运用快速剪切和快速转换技术将电影结合在一起,这种技术以前几乎没有在电影中使用过。在《星球大战》之前的科幻电影中,镜头持续的时间更长,动作更慢,并且充满着戏剧性的停顿。但是,《星球大战》通过快速推动情节改变了游戏规则,拉动观众穿越旅程。这三位剪辑师因此作品获得了奥斯卡奖并使快速剪切电影摄制非常受欢迎。

　　流畅性，低阅读水平优于高阅读水平，将电影制作切换成高效的镜头，这是有点违反常理的。但是，讲故事的概念并不是指强迫人们运用他们一点一滴的智力，它会让人们专注于人物、冲突和与主题相关的内容，这样他们的大脑才能吸收信息。

　　这就是 20 世纪 90 年代《星球大战前传 1：幽灵的威胁》电影刚开始的时候。

　　电影里高速移动但是并不流畅的镜头使人感到很困惑。

　　我们最近和一位从未看过《星球大战》系列电影的朋友一同再次观看了所有《星球大战》的电影。在看三部续集时，她一直在问问题："这是谁？这是怎么回事？"她不得不考虑情节。她不知道 Jar Jar Binks 到底是谁，也不知道为什么他在吸入氦气后会像牙买加人吉尔伯特·戈弗雷那样说话。在看其他电影时，她不必每隔五分钟就问问题。当她了解这个故事时，她就会全神贯注。

　　无论我们是在 Twitter 上、书里、博客文章中、电视屏幕上，还是在酒吧里与朋友讲述我们的故事，我们都应尽可能高效地将每一段故事过渡到下一个篇章中。我们不会因为故事的流畅性而得到赞赏，但这就是重点。当你流利地说一种语言时，人们只注意一件事：你在说什么。

第3章

打磨"讲故事"的利刃

本书的后半部分是关于商务及生意人是如何在各方面发挥"讲故事"的作用的,但在此之前,我们要先讲几个能帮助大家更好地理解与构建一个成功的故事的诀窍。

与我们在工作流程中交谈过的许多人都说:"唔,我又不是海明威。"正如上一章所述,我们也不是啊!

但这并不重要,我们不需要变成海明威也可以擅长讲故事。讲故事的能力是我们作为人类与生俱来的,如果你身上有着人类的DNA,那么你就是为了故事而生的。不幸的是,我们中的有些人过早地放弃了讲故事的能力。

在本章中,我们将帮助你了解一些好故事的共通点。一旦你理解它们,你将会更轻松地注意并分辨出好故事与烂故事。或许下次当你和同事一起相约酒吧的时候,你想要讲出一个糟糕透顶的故事都很难。

讲故事通用的框架

看看你是否能猜出下面这个故事讲的是什么。

有一位英雄,从一开始就为人谦逊,并对冒险之旅的召唤一呼即应。于是,他们一行人离开了家,跳出了他们的安全地带,在接受了一位智慧老者的训练与指导后踏上了一段奇妙的旅行。在这段探索之旅中,他们遇到了一个坏人,为了打败他几乎牺牲所有,但终究他们成功地回到了家乡,完成了自身的蜕变。

上面这段内容讲的是什么故事呢?是《星球大战》《哈利·波特》《饥饿游戏》《奥德赛》,还是《黑客帝国》?

其实啊,以上都是!

这就是讲述"英雄的旅程"故事的一个模板。这个随处可见的模板来自约瑟夫·坎贝尔,它是最能引起读者共鸣的一种故事线,因为它映照了我们自己的人生旅途。不论是一个关于你公司的真实故事,还是一个激发你想象力的科幻小说,一旦理解了"英雄的旅程",你就能够领悟如何架构出属于自己的故事了。

图3-1一步步分解了这个"英雄的旅程"模板。

第3章 打磨"讲故事"的利刃

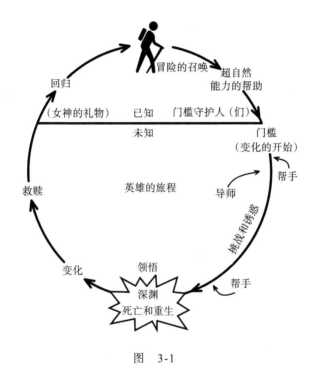

图 3-1

故事开始于一个平常的世界。一个谦逊的主人公收到了冒险的召唤,一开始他拒绝了,但最后他遇到了一个智慧的导师,于是他接受了训练并被说服同一行人踏上了冒险之旅。后来,他们经受了重重考验,四处树敌,最后被卷入一场几乎要输掉的战争。但最终,他们成功了。当作为英雄的他们返回家乡时,受到了盛情欢迎,而他们也因这次旅途羽化成蝶。

让我们透过史上最伟大的故事来进一步讨论这个框架吧。

是的,我们又要再一次提到《星球大战》了。让我们通过一个简略的大纲来看看它是如何与坎贝尔的模板相吻合的。

在第一部《星球大战》电影中,我们从本是平平无奇的卢克天行者这个角色说起。卢克住在沙漠星球上的一个农场里,有一天,他遇到了一些需要帮助的机器人,它们需要找到当地一位名叫欧比旺·克诺比的隐士。因此,卢克把机器人带到了欧比旺面前,可欧比旺却对他说:"卢克,外界需要你去帮助拯救这个宇宙。"一开始卢克说:"不,我身边已经有够多的事让我操心了。"但是,后来成为卢克导师的欧比旺说服了卢克,让他相信自己应该前去。欧比旺训练他如何使用光剑,之后卢克踏上了这段史诗般的太空探险。

在旅途中,卢克遇见了反派达斯·维德。卢克与邪恶的冲锋队战斗,也结交了朋友:汉·索洛、楚巴卡、莱娅公主。接着,他必须帮助他人击败超级武器——死星。在此过程中,几乎所有事情都不尽如人意,但最终,卢克成功炸毁了死星。这部电影的最后一幕是,卢克得到了公主亲手给他戴上的一块奖牌,以及公主在他脸颊上的一吻。如今,他已成为一个蜕变后的人,生活在他的新家中。由于获得了原力,所以他有足够的信心面对今后的冒险。

第3章 打磨"讲故事"的利刃

　　这就是以各种方式被编写过的"英雄的旅程"。其在历史上不断地重演，更简易的版本便是亚里士多德在其著作《诗学》中提到的"（剧情）冲突模板"：现在有一位普通人（现有事实），还有一个摆在眼前的冒险（可能发生的结果），而从前者转移到后者的过程就是这场旅程。

　　在商务中，一个普通的市场营销员利用这样的故事推销并卖出某种产品或服务便是一个可供学习的例子（这里有一个不那么令人振奋的消息，即上述大部分故事的娱乐性势必要比《星球大战》差一点）。例如，一位顾客曾经处于什么样的处境，他想要达成什么目的（这里就制造了剧情冲突），最后他是怎样跨越这个障碍的。

　　如果你日常会听听广播，那你就会发现几乎每个广告里都有这样的故事出现。其中，一个最常见的广告便是"哈利的剃须刀"，它讲述了"杰夫和安迪，两个普通人，不想再去药妆店买定价过高的剃须刀，从而决定自己买下一间仓库并出售价格实惠的剃须刀"的故事。

　　大多数品牌故事的问题在于，它们要么没有充分运用"讲一个成功的故事"的四个要素，要么省略了"英雄的旅程"框架下的某些步骤，从而不足以吸引我们的注意力。

　　这就是为什么这些既定的框架如此实用：它们是一种非常

简单的方法，可以确保我们在塑造故事或试图传达信息的时候更具创造性。

它有点像一首俳句：如果有人让你现场作诗一首，你可能无法办到。但是，如果有人让你写一首关于《星球大战》的俳句，你也许可以做到。因为正是那些现有的框架，让你能够专注在自己的创造力上。

另一个很棒的故事模板来自喜剧写作，类似地，它的开端是这样的：一个人物生活在自己的舒适圈里，但他总是隐约期待着平凡的生活能发生点什么，于是他将自己置身于一个陌生的境地。之后，他渐渐适应了新的环境，也最终得到了内心向往的东西，但为此付出了沉重的代价。结尾时，作为蜕变后的人，他的生活又回到了正轨。

这基本上就是《宋飞正传》每一集在讲的故事。

举个例子，在这部电视剧的第六季中，乔治偶然得到了一个假发。这种新的状况并不常见，但他很快就喜欢上并适应了它。然而，他一得到自己想要的东西，就开始变得自大起来。当和一个女人约会时，乔治开始表现得像一个傲慢的混蛋。

当乔治发现自己的约会对象也是秃顶的时候，他变得十分粗鲁，这激怒了那位女士。他的朋友也对乔治十分生气。"你自己看看这件事多么讽刺！"伊莱恩朝他怒吼着，"你在因为别人是秃顶而拒绝他们！可是你别忘了你自己也是秃顶啊！"然后她抓起乔治的假发并扔出了窗外。楼下，一个流浪汉将假发捡了起来并戴在自己的头上。

第二天，乔治觉得找回了自我。"坦白讲，她把那顶假发扔出窗外的那一刻，是我所经历过最美好的事情了，"他告诉杰瑞，"我感受到了过去的自己，那个有着种种不足、完全没有安全感、偏执又神经质的自己。那一刻我感到了快乐。"

他声明自己会继续和那位秃顶女士约会，因为她曾告诉过他，她只与瘦小的男性约会。

最后，乔治回到了家，尽管他依旧是秃顶，但是他接受了教训，变成了一个更好的人（但因为这是《宋飞正传》，所以在下一集的开始，乔治又变回了老样子）。

这两种不同的旅程都是我们会在生活、事业、家庭中经历的。作为一个讲故事的人，你可以在这些"旅程"的模板中构造自己的故事情节，从而充分释放你的想象力。

本杰明·富兰克林提高故事技巧的方法

当本杰明·富兰克林还是个小男孩的时候，他极其渴望在海上度过自己的一生。这让他的父亲很是担心，所以两人去了一趟波士顿,评估了各种不涉及遭遇海难的18世纪商品交易。很快,年轻的富兰克林找到了自己喜欢的东西——书。于是,他的父亲热切地把儿子送往一家印刷店当学徒。

富兰克林后来成了一位受人尊敬的政治家、一位多产的发明家,其也是美国历史上最有影响力的思想家之一。这些大都归功于他早年在印刷店里,如饥似渴地阅读,一丝不苟地写作所磨炼出的精湛技巧。

富兰克林并非天生就是一名博学之士。事实上,在他的自传中,他哀叹自己少年时低于同龄人平均的写作技巧和糟糕的数学能力。为了在文学领域中取得成功,富兰克林设计了一套在没有导师领进门的情况下就可以自己掌握作家职业要领的体系。为此,他收集了探讨英国文化和政治的杂志《观察家》中的一些问题(其中包含了他所处的那个时代最好的文章),并反过来将它们撰写成散文。

富兰克林写道:

我找来一些文章,并将每个句子中的观点用一些短小的提示词记录下来。几天后再找出来,试试看自己在不翻书的情况下,能否通过用先前记下的提示扩句的方法,将那些片段补全成详尽的文章,并用一切合适的词语去还原原文中所要表达的完整意思。

第3章 打磨"讲故事"的利刃

基本上,他的方法就是一句句做笔记,隔一段时间不看,然后再试图脱离原文的提示,用自己的语言重造句子。

> 然后,我把自己重写的《观察家》和原文对比,找出自己的不足和问题并改正。但是,在这个过程中我发现自己需要有一定的词汇储备,或者说有能在脑海中随时提取词汇的准备,这样我才能在写作上得心应手。

在和原文的比对之下,他发现自己词汇量不足,这导致他的遣词造句缺乏变化。所以,他尝试了同样的练习,而这一次,他不再用直白的语言为他将要模仿的文章做笔记,而是把它们变成了诗歌。

> 我将一些故事改写成诗句,然后过一段时间,待我几乎忘记原先的散文时,再将它们改写回来。

当他渐渐擅长于模仿《观察家》的写作风格时,他又把自己的挑战升级了:

> 我有时候也会故意将自己写的提示打乱。过几周,在开始写完整的句子并形成文章之前,我尽力将打乱的语句重新排序成应有的模样。这是一种锻炼整理思绪的能力的方法。

他一遍遍地重复着这些工作。不同于大多数作家在提升自己的写作水平时所用的更消极的方法（即大量阅读），富兰克林的这些练习迫使他对一些微小的细节多加留意，而这恰好是成就"卓越的写作"而不是"良好的写作"的关键。

通过将我的作品与原作相比较，我发现了许多错误并对其进行了修正。但有时我也很高兴看到自己有幸在一些小细节上改进了方法或语言，这些小小的激励让我不禁想：或许有一天，我也能变成一个可令人容忍的英语作家呢。

当然了，他口中的"可令人容忍的英语作家"实属谦逊之词。没花多长时间，青少年的富兰克林就成了新英格兰地区最好的作家之一，并在不久之后成为一位出色的出版商。

谢恩非常喜爱这个故事，因为当他开始训练自己成为一名记者时，他不知不觉地做了一些非常相似的事情。当他开始写第一本书时，他花时间研究了自己最喜欢的作家——乔恩·朗森、奥斯卡·王尔德和J. K. 罗琳。罗琳在这里似乎是一个稍显另类的存在，但她的一些作品确实是伟大的文学写作的标杆，它们能牢牢地抓着你紧跟故事节奏读下去。谢恩不仅仅是简单地阅读他们的作品，他仔细地研究了每个句子并绘制了电子表格记录自己的想法。

第3章 打磨"讲故事"的利刃

在谢恩成为记者的早期,他一行一行地研究了《纽约时报》的故事——长度、种类、词性、人物和踢球者。他会坐下来拿起一张报纸和垫板,重写那个故事。当他开始写他最畅销的一本书《智慧捷径》(*Smartcuts*),也是他的第一部长篇作品时,他拿出了自己最喜欢的书和之前制作的电子表格,看看那些作者如何开始他们的章节,如何在各个场景间制造冲突,如何引用研究和对话,如何措辞等。他将自己最喜欢的金·温加滕的代表性故事片段一句句地拆分开,并注意作者使用形容词(或留白)的方法。然后,他会用自己喜欢的作家的风格分别写一些句子或段落:"如果我是罗琳,我会如何描写这一段?""金又会怎样写呢?"

通过这些练习,谢恩已经达到了一种境界:他可以一边保持着一个"可令人容忍的英语作家"的身份,一边致力于自己喜欢的事业。

更重要的是,成为一名更好的写手和一个优秀写作的学徒,可以帮助一个人在各个领域中出彩,就像富兰克林一样。良好的阅读和写作能力可以帮助你更具说服力,可以更好地学习其他学科,并在各个领域的工作中更有效地传达关键性的反馈。当我们为Contently公司招聘时,我们对候选人的第一印象,会因其电子邮件表达得清晰与否而受到极大程度的影响。

在富兰克林通过《观察家》锻炼自己的写作能力后,他在书中写道,他终于能够自学数学了:

情况是这样的,在有些场合中我会为自己对数字的无知感到羞耻,这种心理使我在学校念书的时候两次学习数学失败。而当我自己阅读科克尔的《算法》一书时,却很轻易地从头到尾自学了一遍。

或许富兰克林学习写作的小秘密和麻省理工学院教授西摩·帕珀特的著名研究所揭示的结论并没有本质上的区别:当儿童通过搭建乐高学习的时候,其效率显著高于让他们去听建筑学的讲座。这不仅仅是因为他们在过程中对于微小细节的研究加快了整体学习的速度,亲手搭建、组装的过程也发挥了重要的作用。

污泥报告

谢恩的学校有一位教授,该教授每天早上都会挑选某一个人的作业段落写在白板上供全班同学看。然而,白板上出现的一半以上的段落,都是来自谢恩的作业。

第3章 打磨"讲故事"的利刃

教授把这称为污泥报告。

我们所要做的是试图对白板上被质疑的段落进行删减，去除"污泥"以缩短一半的篇幅，即删除那些过于冗长、不够简洁的单词或短语，这也是一名作家自我编辑文章的能力基础。每当我们写作时，我们要反复阅读每句话并询问自己："我是否可以用更简短的话来表明自己的观点？"

无论你是为出版物写作，为电子读物写作，还是只是口头讲故事，定期梳理"污泥报告"都有助于提高你的写作流利程度。

让我们通过一个真实的例子来说明这个方法是如何发挥作用的。以下是一篇摘选自Contently的博客的文章段落，共76个字：

这种差异很可能源于Twitter在某种程度上成为媒体的二次发声平台的事实。虽然与Facebook、Instagram和Pinterest等平台相比，Twitter已经逊色了一点点，但媒体是否能保持Twitter后续的竞争力是件有趣的事，值得观望。

现在我们要迎来"污泥报告"挑战了。上述这段话如何才能缩短一半的篇幅呢？

在第一句话中，我们不需要说"源于……的事实"，我们可以直接说"（是）因为"。

这种差异很可能是因为~~源于~~Twitter在某种程度上成为媒体的二次发声平台~~的事实~~。虽然与Facebook、Instagram和Pinterest等平台相比，Twitter已经逊色了一点点，但媒体是否能保持Twitter后续的竞争力是件有趣的事，值得观望。

接下来，"Twitter在某种程度上成为媒体的二次发声平台"这句话不需要"在某种程度上"，因为它反而弱化了整句话的语气。

这种差异很可能是因为Twitter~~在某种程度上~~成为媒体的二次发声平台。虽然与Facebook、Instagram和Pinterest等平台相比，Twitter已经逊色了一点点，但媒体是否能保持Twitter后续的竞争力是件有趣的事，值得观望。

现在，"Twitter已经逊色了一点点"这句话不需要"一点点"。它就是逊色了。

这种差异很可能是因为Twitter成为媒体的二次发声平台。虽然与Facebook、Instagram和Pinterest等平台相比，Twitter已经逊色了~~一点点~~，但媒体是否能保持Twitter后续的竞争力是件有趣的事，值得观望。

现在，对于"Facebook、Instagram 和 Pinterest 等平台"这句话，我们已经知道它们是平台，所以这个多余的定语也可以拿掉了。

这种差异很可能是因为 Twitter 成为媒体的二次发声平台。虽然与 Facebook、Instagram 和 Pinterest ~~等平台~~ 相比，Twitter 已经逊色了，但媒体是否能保持 Twitter 后续的竞争力是件有趣的事，值得观望。

对于"媒体是否能保持 Twitter 后续的竞争力是件有趣的事，值得观望"这句话，我们可以简写成"Twitter 以后如何与其他平台竞争值得期待"。

这种差异很可能是因为 Twitter 成为媒体的二次发声平台。虽然与 Facebook、Instagram 和 Pinterest 相比，Twitter 已经逊色了，但~~媒体是否能保持~~ Twitter 以后如何与其他平台竞争~~后续的竞争力~~值得期待~~是件有趣的事，值得观望~~。

现在，我们已经把这段话从 76 个字缩短至 54 个字了。

这种差异很可能是因为 Twitter 成为媒体的二次发声平台。虽然与 Facebook、Instagram 和 Pinterest 相比，Twitter 已经逊色了，但 Twitter 以后如何与其他平台竞争值得期待。

如果我们想把这段话变得更短应该怎么办呢？让我们再来进行一遍删减"污泥报告"的流程。

"这种差异很可能是因为 Twitter 成为媒体的二次发声平台"这句话没有问题，但是我们可以去掉"虽然与 Facebook、Instagram 和 Pinterest 相比"，而直接说"它以后如何与其他平台竞争值得期待"。

这种差异很可能是因为 Twitter 成为媒体的二次发声平台。它以后如何与其他平台竞争值得期待。

现在我们已经把原文删减了近一半，变成 40 个字，大功告成！

你可能已经注意到了，我们把"Twitter"用"它"替换了。正如奥威尔所说："当我们可以用一个更短的词说明意思的时候，为什么还要选择一个更长的词呢？"清除"污泥"很重要的原则之一就是尽可能地使用更短的词汇。

你不需要在讲故事的过程中让自己看起来非常聪明。就像我们之前说的，把你的故事讲得简单易懂，让听众紧跟着你叙述的节奏，这才是更重要的。

第3章 打磨"讲故事"的利刃

如果你敢于接受我们的挑战,就可以自己试试看——当你下一次写东西的时候,请一段段地自我检查并问自己:"我如何能缩减一半的篇幅呢?"

通过使用删减"污泥报告"的方法,你就能提高自己的任何作品的质量,并让你的听众或读者专注于真正重要的东西——故事本身。

第4章
用讲故事改变商业

2008年,时任通用电气营销高级副总裁的贝丝·康斯托克面临着巨大的挑战:全球经济正在衰退,公司的股票直线下跌,它的名声已经大不如前。

康斯托克认为这种狼藉的名声让人发狂。通用电气公司曾做出一些世界上最激动人心的发明,从喷气发动机到太阳能发电机。它有一种独特的初创企业文化,这对于《财富》500强公司来说都是罕见的。这个企业文化是托马斯·爱迪生为了保持通用电气的发明精神,在130年前灌注给该公司的承诺,但通用电气之外的人都不知道这一点。所以,康斯托克意识到需要改变。

但是怎么做呢?康斯托克意识到,答案就是他们必须更好地讲述公司的故事。

在过去的28个月里,康斯托克一直在为NBC环球进行数字营销的运营,NBC环球背后所负责的公司就好比《侏罗纪公

第4章 用讲故事改变商业

园》和《我为喜剧狂》。康斯托克认为,或许从 NBC 环球的书中抽出一页来写关于通用电气的内容,就可以帮助扭转通用电气的声誉。通用电气应该像媒体公司一样用讲故事的思维来思考并解决问题,而不是像商人那样思考问题。

康斯托克和她的团队开始工作,他们推出了一个名为 GE Reports 的博客。该博客记录了公司在世界各地的创新背后的故事——从大脑扫描仪到高速列车的一切。他们与艺术家合作,用喷气发动机的声音制作电子舞曲(Electronic Dance Music,EDM),并拍摄了关于通用电气经典发明的流行科幻纪录片。康斯托克的团队要确保通用电气是第一个在几乎所有新出现的社交频道上创建内容的大品牌——从 Pinterest 到 Periscope。例如,他们制作了 6 秒钟的科学试验视频和关于重力的搞笑列表。

在康斯托克的指导下,讲故事成为改变公司内部和外部声誉的一股力量。它展示了通用电气的创新,并邀请股东和客户将通用电气重新想象为一家尖端技术公司,而不是一家老式的电力公司,这在公司显著衰退后的转变中起到了核心作用。在像通用电气这样的大公司里实现这一点并不容易,比如仅仅获得发布一个 Facebook 帖子的批准就可能需要 27 名律师和一些大公司内部的传真机号码。那么,通用电气是如何做到的呢?

如果你的经历和我们一样，那么你一定知道安全运作是大公司的默认模式，这不是因为缺乏创造力，而是因为创造力本质上是有风险的。当新的东西可能会让你失去工作时，为什么要尝试它呢？但是，事情是这样的：就像我们所了解的那样，如果伟大的故事需要新颖性，那么它们必然要求我们走出舒适区。所以，我们不得不在不担心我们的工作的情况下去冒险。

当报纸和杂志这些前沿的科学故事讲述者正在崩溃和裁员的时候，康斯托克给了通用电气的故事实验室资源和自由，让他们来填补创造力的空白。事实上，当你与和她一起工作的人交谈时，这通常是他们会告诉你的第一件事。

康斯托克的保护者、通用电气目前的首席营销官琳达·博夫告诉我们："我们允许自由地进行试验并且对失败有容忍度。对此，康斯托克完全支持，她是个创新者并且真正地支持我们。正如她告诉我们的那样，她痴迷于以下问题：我们如何保持公司的新鲜感？我们如何确保公司可以和社会保持紧密联系又不失时代性，并且对新的观众有意义？"

这一愿景不仅仅充斥在执行董事会的会议室里，而且被一路传递给讲述故事的作者。梅丽莎·拉夫斯基·沃尔，一位资深编辑和内容策略师，在 GE Reports 上发布了一篇文章：

第4章 用讲故事改变商业

"康斯托克有眼光,通用电气有远见。这是一个令人兴奋的地方,我工作过的任何其他地方都感觉像在被死神追赶——'这本杂志即将停刊''我们正在努力工作,但这里没有未来'。但是这感觉像是一个公司为能够进行内容创作而感到兴奋,并且创造了一种可能性和自由感。"

这里的重点不仅是贝丝·康斯托克如何令人惊叹,而是任何想通过精彩内容重塑自己企业的人都应当雇用她(虽然他们大有可能这样做)。毕竟她的方法完全正确。

她有一个愿景并利用讲故事来实现它,但使用创造力的风险是巨大的。

通用电气的做法是罕见的。在公司的关键时刻,公司将巨大的投资都投在大胆讲故事的人身上,所以说通用电气多年来的连续不断的成功并非巧合。

通用电气拥有一种计划成功但不怕失败的讲故事文化,这种罕见的组合造就了伟大的品牌式的讲故事的人。这么做的结果是,公司的文化触及了公司业务的每个部分。通用电气的公司文化使求职申请增加了800%,使该公司成为Reddit科学迷的最爱,并帮助其股票增长了四倍多,每股价格从2009年3月的7.06美元增长至书写本书时的31.44美元。每月有数百万人阅读公司的文章并观看视频，他们与朋友和同事分享并热切地支持通用电气。

既然我们已经讲述了伟大的故事所涵盖的基本原理，那么在本书的其余部分，我们将讨论如何用艺术性和科学性来促进公司的发展——创造力艺术及采用数据驱动的方法来制定内容策略和成功规划的科学。

换句话说，我们将向你展示如何做到像通用电气这样伟大的讲故事公司曾做到的事情，我们将演示如何通过讲故事来使企业的每一部分变得更好。

首先，让我们回到20世纪40年代的纽约，了解一位市长的故事，他做了一些事情使迈克尔·布隆伯格的苏打禁令看起来很业余。

故事如何让产品和服务变得更好

1942年，纽约市长菲奥雷洛·拉瓜迪亚组织了一次全市范围内的突然袭击，他派出所有的警察走遍了整个行政区：他们闯入酒吧、休息室、赌场和俱乐部，没收了拉瓜迪亚所寻求的一些特定物品。

然后，市长用大锤重重地销毁了这些物品。

第4章 用讲故事改变商业

是因为这些物品是市长拉瓜迪亚深恶痛绝的违禁品,所以他不仅禁止了它们,而且单独销毁了它们吗?这些违禁品是药物生产用具吗?是武器吗?是用于反拉瓜迪亚宣传的吗?

不,它们是弹球机。

市长拉瓜迪亚的巨大举动实际上是席卷美国的一项大型弹球机禁令的一部分。芝加哥、圣弗朗西斯科和其他主要城市随后也加入其中。几十年来,弹球机几乎完全消失了。

但是为什么拉瓜迪亚和其他市长如此讨厌弹球机?为什么是这种无辜的游戏成为目标,而不是风险这种疯狂的全球统治游戏?

那是因为一个关于弹球机的故事。

这个故事是,弹球机的主人正在催促孩子们交出午餐钱,因为这个游戏既刺激又耀眼,所以吸引了孩子们。这个游戏的确让人上瘾。

此外,故事还说弹球机纯粹是一种机会游戏,不是一个孩子所擅长的。所以,孩子们一旦被吸引就被骗走。传言说他们对这个游戏太上瘾了,甚至到不吃东西的地步。

这个故事是不是真的都没关系:它把弹球机变成了政治家可以用来表明观点和看起来不错的东西。

像拉瓜迪亚这样的人在用大锤砸弹球机时可能会说:"我

站在你的孩子这一边。"所以，将一些弹球机所有者的选票换成许多偏执父母的选票是一个有效的策略。

换句话说，一个关于产品的故事摧毁了产品。

这并不是弹球机故事的结尾，但是在我们返回这个故事之前，让我们看看关于另一台机器的故事——核磁共振成像机。

几年前，通用电气的顶级产品设计师道格·迪茨将核磁共振成像机带入了21世纪。

这些拯救生命的机器体积庞大、价格昂贵，有助于医生看清人体内部。通用电气在重新设计上花费了数千万美元，才让迪茨将这台旧的四方形机器变成了一个光滑的看起来像宇宙飞船的环形装置。它比市场上的任何产品都更节能、更先进。

随着通用电气公司开始推出改进的机器，迪茨参观了一家医院并了解病人对新设计的反应。然而，他所看到的让他想哭。

迪茨看到医生把一个小孩带进核磁共振成像室。与此同时，孩子在流泪："妈妈，妈妈，请不要让我再次进入机器！"

迪茨意识到一件他在设计过程中没有想到的事情——对一个小孩子来说，核磁共振成像机是可怕的：你走进一间明亮的房间，陌生人把你绑在木板上，你在洞里滑了半个小时——都是你一个人；你的手臂上有一根针，耳边有响亮的叮当声及关于你需要保持静止的可怕警告，否则他们将重新给你做一遍核

第4章 用讲故事改变商业

磁共振。

虽然通用电气公司的新核磁共振成像机美观且节能,但不得不说孩子的医院之行对其而言是一次可怕的经历。

迪茨垂头丧气。他意识到自己最关心的一些病人(那些可能会被他的机器拯救性命的、脆弱和生病的孩子)厌恶这个发明。他是否会回到绘图板去做一个看起来不那么可怕的新机器呢?

当迪茨考虑到重新设计可能要花费数百万美元时,他想到了一个主意。

如果他们没有制造一台全新的机器,而是把当前的机器进行一场创作冒险,那么会怎么样?

如果在一个小女孩去做核磁共振检查的前一天晚上,她的父母给她读了一本关于她第二天早上将要进行的海盗冒险的故事书,会怎么样?在书中,她会遇到猴子玛塞拉和巨嘴鸟蒂娜及所有在医院里等待她的新朋友。第二天,当她去医院时,如果医生和护士打扮成书中的人物会怎么样?这本书中的冒险将继续在医院的角色扮演中进行,最终她不得不登上救生艇,漂过一艘海盗船到达她的朋友那里。

当然,这部分将是实际的核磁共振扫描。但是,当孩子盯着扫描仪天花板上的海盗冒险中的朋友的照片时,她会体验到扫描是故事的一部分。她有很好的理由躺着不动——这样海盗就不会抓到我们了！

事实证明，画一台看起来像一艘海盗船的核磁共振成像机比设计一台全新的机器要便宜得多。通用电气团队对医生和护士进行了海盗冒险计划的培训，并将核磁共振成像经历从一场可怕的考验变成了一场引人入胜的冒险。

最精彩的部分是，孩子们从说"妈妈，请不要让我再次进入恐怖机器！"变成了"我能再去吗？"。

到目前为止，在这本书中，我们已经谈了很多关于故事如何帮助人们相互联系及与企业联系的内容。上面两个故事阐述了故事是如何帮助我们改变对产品的看法的。在一个案例中，一个故事毁掉了一个产品。而在另一个案例中，一个故事拯救了一个产品。

故事对人们决定购买什么产品的方式有着巨大的影响。数十项研究表明，今天的消费者更有可能与那些深思熟虑、合乎道德地开发产品的公司做生意。大多数中产阶级消费者宁愿买一些有积极意义或有趣背景的东西，即使它有点贵：我们想知道，我们的咖啡是什么时候由厄瓜多尔的那些关心环境并获得公平报酬的家庭收获的；我们愿意为勒布朗·詹姆斯参与设计的篮球鞋支付比由一些不知名设计师设计的篮球鞋更高的费用。

第4章 用讲故事改变商业

例如,谢恩最近在市场上买了一只漂亮的手表。他从来没有拥有过一只价值超过20美元的手表,所以在生日那天,他决定挥霍一下,为自己买一只几百美元的手表。当他开始寻找的时候,他想起了一个叫Shinola的品牌,因为他听过几次这个品牌的故事。

Shinola成立于底特律,当时该市正处于非常艰难的时期——成千上万的制造业工作转移到海外。富人和中产阶级居民正在迁出,这使城市的一部分变成了鬼城。该市的犯罪率很高,建筑物被废弃,并且基础设施正在遭到破坏。

Shinola的任务是通过重新培训失去亲人的汽车工人和工厂雇员,来制造自行车和手表并将制造业工作带回底特律。Shinola希望生产出坚固、优质、值得花更多钱购买的美国产品,并为辛勤工作的底特律市民提供食物。

想起这个故事,谢恩查看了Shinola的手表。它们太棒了,既实用又好看。额外的好处是,买一只手表会让他成为Shinola所讲述的底特律复兴故事中的一小部分。

所以,谢恩买了一只,他非常喜欢,以至于买了一只相匹配的表作为最好朋友的生日礼物(从这里我们可以看出,他太可爱了!)。然后当Shinola开始制造转盘时,他也买了一个。

Shinola的产品很棒,是它的故事让谢恩首先开始尝试。

接着让我们回到弹球机。

在没有弹球机的30年后，游戏在20世纪70年代至90年代初突然恢复了活力。原因是什么呢？那就是《星球大战》的出现。

我们只是开了一个小玩笑。当美国人排队等待《大白鲨》《星球大战》和《夺宝奇兵》时，弹球机制造商想出了一个主意：为什么不把这些流行的故事融入弹球游戏本身呢？于是，弹球游戏开始以流行电影、电视节目和音乐表演中的艺术品为特色：你扮演的是你最喜欢的角色，或者你扮演的角色的任务是去战斗或营救他们。

突然间，弹球机无处不在。古怪的孩子通过镜头向世界证明了，弹球可能不仅仅是一场偶然的游戏，而反对它们的政治运动也消失了。电影迷很快排队以弹球的形式重温他们最喜欢的电影，弹球产业蓬勃发展(有趣的是，有史以来最畅销的弹球游戏诞生于这个时代，即亚当斯一家)。通过将故事融入产品，弹球机制造商给消费者提供了很多玩弹球的理由，虽然它们都是差不多的游戏。

如果有一个好故事，我们就会做很多事情。比如，我们将支持销毁与坏消息相关的产品；如果产品包含了一个好故事，我们就会改变对它的看法；我们会为一款有灵感背景的产品支付一点额外的费用；我们也会因为一个关于拯救的故事，给一些东西提供第二次机会。

如果故事好的话，我们甚至可能对充斥着电视广告的一天感到兴奋。

故事让广告变得更好

几年前，约翰·霍普金斯大学的研究人员对超级碗的广告进行了测试，以了解谁能获得最佳回报。截至书写本书之时，哥伦比亚广播公司（CBS）上的超级碗广告每秒花费 166 666 美元，每分钟花费 1000 万美元。

超级碗⊖是为数不多的电视观众真正乐于观看广告的场合之一。因为广告太贵了，所以广告商花了很多精力让它们变得很棒。因此，尽管我们在今年剩下的时间里会跳过广告，但是我们有可能还是会吃着一口薯片从厨房里跑回来，从而捕捉超级碗广告。

当然，并非所有的超级碗广告都很棒。约翰·霍普金斯大学的研究人员想知道人们喜爱的超级碗广告和不喜爱的超级碗广告之间最大的区别是什么。

⊖ 美国职业橄榄球大联盟 NFL 的年度冠军赛。——译者注

他们花了几年时间制作超级碗广告,并根据各种因素进行分类:幽默、长度、性感、主题、可爱动物的使用及其他因素。然后,他们看了看哪些广告最受欢迎及哪些因素最重要。

他们的发现令人惊讶。事实证明,无论是幽默、可爱的动物,还是性感的女士,都没有让超级碗广告受到欢迎。

最好的广告是那些具有强烈叙事弧线的广告。

换句话说,最好的广告讲述的是伟大的故事。

但是,我们不要低估可爱的动物,因为它们在我们最喜欢的故事中扮演着重要角色,它们讲述的很多故事都颠覆了广告。

2014年,BuzzFeed正在推出一种新型广告代理。两年前,他们聘请了泽·弗兰克(互联网上最成功的早期视频创作者之一)来推出BuzzFeed Motion Pictures,这是一家为数字媒体初创公司及其广告商制作原创视频的工作室。

大多数广告视频工作室都遵循一个古老的模式:它们向客户出售广告位的闪光创意,使客户投入巨资制作广告并购买媒体来支持它。整个模式是一种有教育意义的信仰行为。

然而,BuzzFeed和弗兰克想以不同的方式做事。BuzzFeed的创始人乔纳·佩雷蒂从2006年11月开始,就痴迷于内容如何在网上传播的科学。BuzzFeed不断修改创建和分发内容的方式,对标题、故事结构和内容策略进行轻微调整,这使得其读者人数超过了1.5亿,超过了像《纽约时报》这样的主要传统出版商的读者数量。

BuzzFeed从未刊登横幅广告。相反,它代表广告商创建内容,并把所提供的原始视频作为主要广告产品。

因此,当普瑞纳㊀于2014年来到BuzzFeed进行广告宣传时,弗兰克并没有将它放在一个重要的位置。相反,弗兰克提议创作一系列短片。两家公司同意制作一定数量的视频,并测试哪一个能在BuzzFeed的观众中引起共鸣。这个想法是针对一个更广泛的主题来测试一系列不同的讲故事方法,直到他们找到一个热门话题,就像BuzzFeed一直在用的常规(非广告商)故事一样。

在一份快公司(*Fast Company*)的简介中,BuzzFeed前首席营销官(Chief Marketing Officer, CMO)格雷格·库珀(Greg Cooper)回忆起向普瑞纳高管展示他们创作的两分钟喜剧视频故事的场景。这位高管在看到视频时,对该视频与传统广告的不同感到十分惊讶,不禁倒吸一口冷气。

这段视频展示了一只老猫通过各种方式教育一只小猫,向其解释人类的奇怪行为及公寓里最适合闲逛的地方。("在特殊情况下,他们会让内衣抽屉开着来表示对于我的感谢,"老猫

㊀ 雀巢旗下的宠物食品公司。——译者注

告诉小猫,"说清楚,这是我的地盘。那里很完美,就像穿着内衣睡觉一样。嗯……这正是事实。")

这部名为《亲爱的小猫》的视频成为迄今为止最著名的社交广告之一,在 YouTube 上产生超过 2700 万的浏览量(它的续集已经获得了超过 4000 万的额外浏览量)。但最有趣的是,它是这样被开发出来的:通过一系列严格的试错测试。BuzzFeed 为普瑞纳制作的前四个视频失败了——他们总共制作了六个视频才获得成功。

"这听起来像是一场革命,"库珀告诉我们,"大公司不喜欢革命,而喜欢可预测性和增量增长。"

但是,这些公司正在迅速改变它们的风格。它们意识到,找到热门产品的最有效方法是从策略上创建内容,测试它如何与受众建立连接,然后根据它们学到的知识优化其方法。我们稍后会谈到更多!

故事让你的销售转换更好

世界历史上增长最快的企业做了一些聪明的事情来击败竞争对手:它让人们打开电子邮件,以惊人的速度购买产品——通过故事。

第4章 用讲故事改变商业

这个公司就是Groupon。Groupon于2008年在芝加哥实施这一举措,它每天发送一封电子邮件告诉人们附近一家当地企业的大量信息。不久,许多其他的公司开始提供类似Groupon的日常交易。很快,Groupon就有了两种竞争对手——每日交易网站和收件箱中可能会妨碍人们点击Groupon报价的其他电子邮件。

所以,Groupon雇用了著名喜剧学校"第二城"的作家来整理其电子邮件。他们在Groupon提供的每一个产品和服务背后都写满了滑稽、虚构的故事。

这导致了两件事:第一,人们有时打开电子邮件只是为了阅读有趣的故事,这导致了异常高的电子邮件打开率及销售额的大幅增长;第二,即使人们不想买优惠券,他们也可能发送一个搞笑的Groupon故事给一个毛发特别多的朋友让他进行激光脱毛。

Groupon最终遇到了很多商业问题,因为它增长得太快了,但是它的故事的寓意是任何企业都可以学习的:伟大的故事,无论是有趣的、虚构的,还是真实的,都可以极大地提高销售额。

Zady是一个我们最喜欢的利用故事来提高销售转化率的公司。它以对环境友好的方式销售产品,它将产品称为"可持续时尚"或有道德来源的服装。

当你浏览 Zady 的电子商城并点击一条靛蓝色紧身牛仔裤时，你不仅能找到价格和图片，还可以看到肯塔基州的一对可爱的夫妇在车库里做牛仔裤的故事。你会了解他们的狗、他们相遇的故事及他们对牛仔裤的热爱和关心。

这些故事提高了 Zady 的转化率——当人们登录产品页面时，购买产品的人所占的比例。这个故事留在人们的脑海中，所以下次他们在市场上看到靛蓝色紧身牛仔裤时，可能会记得那个故事。这意味着，他们很有可能会回到 Zady 去买那些牛仔裤，而不是去百货商店买李维斯的牛仔裤。

有趣的一点是，故事不仅可以帮助你销售产品，还能帮助你把你的公司推荐给潜在的员工。

故事让你的招聘过程变得更好

如果你看了很多黄金时段的电视，那么你很有可能见过欧文。

欧文是一名虚构的工程师，也是通用电气过去几年借以巧妙地进行以自嘲的商业广告明星。欧文试图向困惑的朋友和家人解释，他作为一名通用电气的工程师所进行的开发突破性代码是一件很酷的新工作，但这使得他的朋友和家人认为，他将

第4章 用讲故事改变商业

在火车上或仓库里工作。

欧文发起了通用电气历史上最成功的一次招聘活动：通用电气的工程职位申请量增加了800％。800％！对于一家试图与Facebook、Snapchat、谷歌和硅谷的其他初创公司竞争，以赢得人才大战的公司来说，这一点至关重要。

然而，这根本不应该是一场招聘活动。

根据我们之前提过的通用电气首席营销官琳达·博夫的说法，他们甚至不认为这些广告是招聘广告。他们只是想找到一种有趣且自嘲的方式让人们知道：是的，通用电气是一家非常酷的公司。

这些视频不仅吸引了大量到通用电气申请工作的新人，还极大地鼓舞了公司的士气。

博夫告诉我们："公司内部的员工只是爱上了这项活动。"

博夫甚至让扮演欧文的演员参加了通用电气的一些内部活动，通用电气员工的反应就像他们迎来了披头士乐队一样。这是因为，欧文既是一个关于通用电气的故事，也是一个关于在那里工作的人的故事。

这场活动表明，内部营销和外部营销之间不再有真正的界限。当你讲述一个鼓舞外界的伟大故事时，它也会鼓舞在你四壁之内的人们。

故事塑造你的品牌

2016年7月,联合利华震惊了商界。它以10亿美元的价格收购了一家由即兴喜剧演员迈克尔·杜宾在五年前创办的公司——Dollar Shave Club。

记者们感到困惑,类似的电子商务订阅初创公司,如Birchbox、Trunk Club和Stitch Fix,在任何地方都没能吸引到同样的兴趣。此外,Dollar Shave Club出售的刀片与吉列和Schick品牌的高科技剃须刀相比相形见绌,而且它甚至没有自己制造剃刀!它只是从中国制造商那里批发购买,然后转售。10亿美元的价格也是Dollar Shave Club预计的2016年收入的五倍——对于一家零售初创企业来说,这几乎是前所未有的倍数。

那么,联合利华为什么要支付如此前所未有的价格呢?正如前瞻性分析人士解释的那样:这与收入无关,而是基于公司与广大消费者的关系。这种关系从有史以来最伟大的创业发布视频开始。

1990年,包括艾米·波勒、亚当·麦凯、伊恩·罗伯茨和霍雷肖·桑兹在内的一群喜剧演员创建了一个名为"正直公民旅"(UCB)的即兴小组。

第4章 用讲故事改变商业

不久之后，UCB 有了自己的喜剧中心电视节目，并成为周六晚间直播的人才管道。随着小组人数的增加，它成了成千上万年轻创意者的目的地——每年都有人会跌跌撞撞地走出大学表演课，走进纽约市的明亮灯光里。

在 21 世纪初，Dollar Shave Club 的创始人迈克尔·杜宾是那些年轻创意者中的一个。八年来，他在 UCB 磨炼了自己手艺的同时，在各种电视节目和营销工作中工作。2010 年 12 月，他在圣诞节派对上和父亲的一个朋友聊天，谈话发生了意想不到的转变：不久，他的家人和朋友向他求助，要他卖掉从亚洲买来的 25 万把剃须刀。这次谈话会让很多人感到奇怪，但它让杜宾产生了一个想法：如果他开创一项服务来消除销售剃须刀刀片的费用和麻烦会怎么样？如果他们每个月以 1 美元的价格展示在你家门口呢？

面对创业和吸引投资者的挑战，杜宾知道他必须和像他这样的人交谈——受够了剃须刀垄断的男人们被迫为几片刀片多支付 20 美元。所以，他把赌注押在自己最擅长的事情上，他创作了一段滑稽的视频来与目标观众相联系，并把自己塑造成品牌的英雄之旅中的主角。

如果你是少数几个设法避免看到它的地球人之一，那么我想请你现在就去看一看。

"我们的刀片好用吗?"杜宾在视频开头问道,"不,我们的刀片太棒了。"

接下来的 90 秒是绝对荒谬的,尽管如此,它宣扬了 Dollar Shave Club 剃须刀的所有特性。有一个蹒跚学步的小孩在刮男人的头,一个小儿麻痹症的笑话、一把砍刀、一只笨拙的熊、一面巨大的美国国旗,也许还有一直以来最好的"下雨"场景。

视频的粗略剪辑说服了 MySpace 前首席执行官(Chief Executive Officer,CEO)迈克尔·琼斯签约成为杜宾的合伙人。当该视频于 2012 年 3 月 6 日发布时,便迅速传播开来。在最初的 48 小时内,这家初创公司收到了超过 12 000 份订单。

Dollar Shave Club 的起源故事凸显了一个强大的因素:营销的经济正在迅速变化,其内容是最终的货币。因此,拥有精彩故事的品牌可以在竞争中获得不可思议的优势。

正如我们在本书前面提到的,杜宾成功背后的原则并不让人觉得新鲜:公司总是通过讲故事来推动销售。从第一个易物贸易到如今的贸易,这一点没有改变,但是其他一切都有改变。

从一个世纪前收音机的诞生到 21 世纪头十年标志着社交媒体应用的飓风,技术变革的速度对品牌来说是令其畏惧的。

一方面,它提供了一个巨大的机会:内容随处可见,无论消费者现在在哪，都会沉浸在故事中。根据 comScore 的研究，在 2010～2016 年，公司与数字媒体打交道的时间增加了两倍。据统计，65% 的数字媒体时间都是在移动设备上花费的，主要是通过社交网络消耗的。因此，擅长讲故事的公司可以比传统广告更有效、更大规模地抵达目标客户——所有这些都只需要很少的成本。

另一方面，现在的内容比以往任何时候都多。在 2010 年的一次会议上，谷歌 CEO 埃里克·施密特透露，我们每两天就创造出与 2003 年之前的人类历史中一样多的信息，并且这一数字自那以后一直在增加。

因此，品牌不能创造平庸的内容并期望脱颖而出。"半生不熟"的内容在社交或搜索方面几乎没有突破的机会。

"写一篇像样的博客文章已经没有什么价值了，除非你非常了不起，"创办了 Mo2 的内容分析师兰德·菲什金告诉我们，"问：如果他们正在寻找一个问题的答案，那么他们现在会不会更愿意在互联网上找到你的内容，而不是其他任何内容？除非答案是肯定的——'是的，这比其他任何东西都好十倍'，否则我不确定它是否值得出版。"

但是，当你真的创造出一些令人惊叹的东西时，它会脱颖而出吗？结果令人吃惊。

杜宾带领 Dollar Shave Club 继续制作搞笑视频，他们的目标观众观看了数百万次并热情分享。最好的后续活动之一"让我们谈谈＃2"介绍了他们的新产品湿巾，并制作了比你在品牌视频中看到的更多的关于熊排泄的玩笑。

它还开始发售每个订单的小型漫画报"*The Bathroom Minutes*"。2015 年年末，它推出了 MEL，这是一个品牌有史以来最雄心勃勃的编辑网站之一。

正如心满意足的总编辑乔丹·泰切尔在《内容策略家》(*The Content Strategist*) 中写道："MEL 是一个很好的例子，说明了如果品牌停止努力来让自己变得安全，那么大胆的故事是如何脱颖而出的。这是唯一一个地方，在这里你可以阅读诸如'我去钓鲨鱼，意外钓到一公斤可乐'之类的文章，或者观看关于哈佛这样的大学的毕业生成为中世纪战士的纪录片。"

总的来说，这些视频有助于公司建立一个非常强大的品牌和与消费者的持久关系。此外，它们帮助 Dollar Shave Club 实现了几年前看似不可能的财务变现。

Ven rock 的合伙人、Dollar Shave Club 的早期投资者大卫·帕克曼对布隆伯格说："有两件事推动了倍数增长，即财务指标和故事。"

那么，你如何为你的品牌找到一种方式，来讲述数十亿美元的故事呢？我们如何在Contently上完成这件事的过程是对内容策略公式的一个很好的分析，它构成了下两章的内容。

我们如何建立地球上最有影响力的内容策略博客

当乔第一次运行我们的博客"内容策略师"时，我们只有大约14 000个月刊读者和几千个时事通信订阅者。谢恩在创业的时候曾与我们的好友山姆和一些自由职业者一起随意地写博客，最终我们确定需要一名全职编辑推动踏板并握住方向盘。

作为一份贸易出版物，我们不会变成BuzzFeed，但是鉴于人们对内容营销的兴趣日益高涨，我们显然有机会吸引一些特定群体的注意力。在乔接手三年后，50万营销人员和媒体人员在一个月内阅读了我们的博客，我们的时事通信拥有超过了10万名忠实用户。我们的故事每月为我们的软件业务带来数千个高质量的潜在客户，因此我们支付了十倍的生产成本。我们赢得了许多荣誉，包括2016年Digiday大奖的最佳品牌出版物。

我们是像下面这样做的。

步骤一：承诺一项任务

你可能已经听到了内容营销的陈词滥调——内容营销是用故事来提升品牌的首要实践，它是马拉松而不是冲刺——在每一次营销会议上都会有人这么说。但这实际上是一个很蹩脚的比喻。

实际上，内容营销更像是一种政治宣传：你必须向人们介绍自己从而赢得他们的信任，你必须倾听他们的关切。你不能在开始竞选时，厚颜无耻地要求人们在你做任何事情来赢得支持之前给予你支持。最重要的是，你需要一项任务来推动你的内容并与人交流。

令人满意的是，我们广泛谈论如何"建立一个更好的媒体世界"。这听起来可能像是公司的陈词滥调，但事实并非如此。这就是我们的任务。

从一开始，我们就知道这个口头禅会给予"内容策略师"驱动力。我们相信，通过帮助品牌使用优秀的工具和才华横溢的创意，来讲述人们真正想参与的故事，我们可以让媒体世界变得更好。对我们来说，讲故事是原力。所有那些蹩脚的"看着我！"的广告都在互联网上跟踪人们，并阻碍他们在网上尝试做的事情。对我们来说，这是黑暗的一面。

第4章 用讲故事改变商业

在刚开始时,我们的工作是通过报道内容营销行业的好坏,并发布有用的策略提示、分析和建议,向营销人员展示光明的一面。我们需要编辑的正直,并且优先考虑其诚实和透明性而不是公司信息。如果我们想帮助人们,那么我们必须获得他们的信任,我们也就不需要每三个短评就推出一次 Contently 的软件。

我们很幸运地在一家公司工作,这家公司是由信任我们的记者创立和运作的,很快,它开始有了回报。在六个月内,我们的读者从 14 000 人增加到 100 000 人。

这不是革命性的策略。每一个成功的内容营销例子(通用电气、Casper、红牛、Dollar Shave Club、莫兹和万豪等)都遵循了类似的客户至上的精神——它们受一项使命的指导去做正确的事,并由它们想与之建立关系的人来做。

步骤二:采用更有针对性的策略

到 2014 年秋季时,Contently 的业务部门对我们的编辑业务相当满意,我们的流量增长带来了更多的潜在客户和机会。结果,我们的首席执行官乔决定给编辑团队更多的预算。

我们推出了一个名为自由职业者的姐妹网站,用来将我们的编辑任务扩展到创意社区。《华尔街日报》的年轻自由职业者乔丹·泰切尔成为我们的第二位全职编辑，我们的编辑实习生基兰·达尔则成为社交媒体编辑。在很多方面，他是第二阶段的明星。

由于迄今取得的成功，我们获得了更多的预算，我们便给达尔一小部分钱来尝试使用付费Facebook广告以接触更多的人，这种策略在出版商中变得非常流行。我们对吸引页面浏览量不感兴趣(毕竟我们不卖广告)，但是我们确实想用令人满意的分析来看看我们是否能增加有意义的参与，从而推动转换并获得可能不了解内容策略的忠实读者。

本质上，我们使用分析来了解，哪些故事可以在Facebook上推广并获得异常高的回报。廉价的点击成本（CPC）很棒，但是你一定希望故事能让读者做以下的事情：

- 花大量时间查看你的内容。
- 阅读他们打开的大部分故事。
- 之后阅读其他内容。
- 在他们的社交网络上分享这些故事。
- 成为电子邮件订阅者。
- 下载高级内容。
- 访问产品页面并填写演示申请表。

以乔与赛斯·戈丁的一次采访为例。人们喜欢赛斯·戈丁，所以这次采访超级受欢迎。不仅有很多人点击了它，而且他们平均花了五分钟阅读它——比我们的其他故事平均高125%。当我们在Facebook上推广它时，它有一个便宜的CPC。此外，它还导致许多人订阅我们的新闻并成为我们的忠实读者。所以，我们继续推广它是有道理的，毕竟花500美元制作一篇内容，再多花50美元来获得两倍的回报，这样的做法通常是有道理的。

宣传这样的故事有助于我们迅速将来自Facebook的读者转化为时事通信订阅者——他们是迄今为止最有可能成为网站忠实读者的人。在接下来的六个月里，我们的读者人数增加到了20多万。

步骤三：建立策略方法

当你经营一份出版物时，你会有一种很强烈的欲望想要去顺应自己的直觉。

这并不总是坏事。作为一名编辑，你经常需要信任自己，然后才能开始写一篇文章，尤其是当这是一个热门话题，并且掌握在你手上的机会成本很高的时候。

但是，你也需要定期退后一步，来评估一下什么是有效的。最重要的策略之一是标记你的故事（按主题、角色、格式和其他细节标记），并将生产指标与性能指标进行比较。这样，你就可以在每个故事的基础上看到哪些故事没有达到或超过你的目标。

这让你可以很容易地看出自己太依赖什么主题和格式，以及你还有哪些没有使用足够的主题和格式。

然后，我们会检查哪些内容在不同渠道表现最佳，并相应地调整我们的分发策略，这就确保了我们在理智地花费时间和金钱，并且将正确的内容提供给正确的人。

当我们开始虔诚地做这件事时，我们看到了许多盲点和错失的机会。例如，"有趣的聚会"（如小测验、漫画和幽默片）实际上是我们吸引忠实读者的最有效方式之一。另外，直接的行业新闻（没有深入分析）往往表现不佳。虽然一篇关于测量ROI或进行内容审计等主题的文章可能不会像"有趣的聚会"那样吸引那么多读者，但它在吸引已经对购买Contently软件感兴趣的潜在客户的方面非常有效。现在，我们每个月都进行一次深度审查，但是我们建议你至少每三个月就进行一次这样的审查。对我们来说这真是奇迹，因为这让我们的订阅人数又增加了近一倍，并且我们看到我们的客户也同样是这样做的。

第4章 用讲故事改变商业

尽管我们的策略已经变得越来越复杂（随着互联网的变化，这些策略肯定会改变），但基本理念仍然是一样的：我们希望为受众服务。我们想讲述关于内容营销和技术产业的最有趣和有用的故事，这样我们的受众就能记住他们学到的知识，并在工作中获得成功。如果说品牌叙事有秘密的话，那这就是我们的秘密所在。

第5章

建立受众群体的终极方案

在这本书中，我们已经介绍了伟大的故事是如何建立人与人之间的关系，并让人们在乎彼此的。那些历史上与客户建立了最好关系的公司都把讲故事作为它们的业务。是的，我们说的就是报纸、杂志、电视网络、Netflix 和 HBO。这些都是拥有忠实订阅者的企业，而其他公司必须要花费一定数量的金钱才能达到它们现有的效果。

那么，我们可以从它们身上学到什么呢？它们的秘密是什么？如果你仔细观察就会发现，它们基本上遵循了同一个经过时间考验的剧本。

CCO 模式：创造，联结，优化

纵观历史，当各种媒体组织使用讲故事来建立受众群体的时候，其实存在一个通用的模式，它始于意大利文艺复兴时期

第5章 建立受众群体的终极方案

的历史上第一个大众传媒的例子。

16世纪的欧洲是一系列艺术、商业和科学的发源地。富裕的家庭开始夺权,战争和小规模冲突频繁发生。

这意味着,那个时候民间有很多八卦。

第一个大众媒体就是八卦小报,你可以把它想象成古老的TMZ[一]。每天八卦写手都会在米兰这样的城市里四处游荡并收集当天的新闻和流言,他们去教堂、集市和军营打听别人的闲话。然后,他们会聚在一栋房子里写作,做出一份能用莱诺铸造排字机印出来的包含时下所有流言八卦的时事新闻。

他们将使用最高级的新技术——最新发明的印刷机印刷所有八卦。然后他们会在城镇周围发布名为 Avvisi 的时事新闻。

Avvisi 的写手很快就明白了一些事情。第一件事是,虽然印刷机是最先进、最优秀的技术,但操作起来依然很麻烦。一些聪明的写手意识到,如果他们手抄复制 Avvisi 简报,就可以击败同行进入市场。

事实证明,公众对及时的八卦新闻比花哨的印刷字体更感兴趣。因此,手写的 Avvisi 变得比其他报纸更受欢迎。很快,所有 Avvisi 写手都全线停止使用印刷机了。

八卦写手所学到的第二件事就是,如果你写了一些激怒掌

[一] 美国一家报道名人八卦、娱乐新闻、名人新闻的网站。

权者的东西，你可能会被砍头。这种事情没发生几次，幸存的Avvisi写手就已经学会不在时事新闻文后署名了，他们开始隐藏自己的身份秘密写作。为了避免自己的身份暴露，他们把分发策略调整为夜晚在公共场所张贴Avvisi。

通过这些改变，人们得到了他们想要的东西（最快地得到最新的爆炸性新闻），Avvisi写手也得到了他们想要的东西（他们完好无损的项上人头）。

我们从这个故事中学到了一些东西。首先，在决定使用任何技术之前，需要弄清楚受众想要什么。关于这件事，大多数人都把顺序弄反了。我们对于最新的SnapGoggle Pokeball平台过于兴奋，以至于忘记了人们真正想要的是好故事。

其次，良好的建立受众群体的策略都遵循着一种模式（见图5-1）。

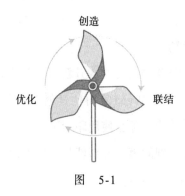

图 5-1

在 Contently 平台上，我们称之为风车。首先，你在创建一个内容之后，要了解如何将内容传达给人们，然后优化你创建的内容及传递信息的方式。

Avvisi 作家印刷出八卦新闻（创造），在城镇中分发（联结），然后发现人们想要更快地知道八卦（优化）。

因此，他们手工复制（创造），在城镇中分发（联结），然后发现他们自己的头可能会被砍掉（优化）。

之后，他们匿名写作（创造），晚上去公开场所张贴 Avvisi（联结），并成功地保住了性命（优化）。

于是，在新兴产业中一个不用被砍头的媒体巨头诞生了！

再往后推进 200 年，到了 19 世纪的报纸业战争，同样的模式再次出现了。

至此，印刷机技术比手工复制更有效率了。

19 世纪中叶，在像纽约这样的大城市里，任何有钱买一台印刷机的人似乎都在推出一份报纸。

所有报纸的策略基本相同：新闻记者跑遍全城搜集故事。他们会向写手们口述他们记下的内容（或自己写故事），然后每天印出一份写有前一天新闻的最新报纸。之后，一群穿着像现代布鲁克林的嬉皮士或烟瘾很大的报童，会站在街角大喊出当日头条，目的是吸引那些正在上班路上的通勤者的注意。如果对那些标题足够感兴趣,你就会愿意付给他们一个便士买份报纸。

报业主发现了这个策略的一些问题。第一个问题是,有太多的报纸使用同样的策略,结果导致内容过剩。报纸开始成为商品,而人们并不能分辨各家报纸之间的区别。这导致了顾客忠诚度的问题。报业主,如《纽约世界》的约瑟夫·普利策和《纽约期刊》的威廉·伦道夫·赫斯特,都希望获得市场份额。但似乎很少有人会说"我是个《纽约世界》女孩"或"我只阅读《纽约期刊》"。

这导致了报纸的质量问题。如果你通过引人注目的头条新闻进行销售,这意味着,你需要一直保持非常有看点的头条新闻。那么一时间,报纸上的每个标题都会变得黑暗而耸人听闻。"疯女人从桥上跳下去了!""战争就要来临!",这些故事确实能引起上班族的注意,但往往是假新闻。

报纸不仅没有以这种方式赢得忠诚度,而且开始出现信任问题。(身处于Facebook时代的我们,对此是不是有点熟悉呢?)

这又导致了另一个问题。当报业主看到人们在街上买报纸时的确会感到欣慰,但他们真正想要的是长期的订阅者。他们希望人们每月支付费用,让报童将报纸送到其家门口。这是一个更具吸引力的商业模式,但是要想实现它需要目前的报纸达

第5章 建立受众群体的终极方案

到所未达到的忠诚度。

当普利策聘请了一位名叫娜丽·布莱的野心勃勃的年轻女性时,一切都发生了变化。布莱曾坚持走了一整天的路,以请求获得一份当时被广泛认为不适合女性的工作。在历史上,她是最受欢迎的人之一,也是美国最早改变游戏规则的新闻记者之一。

当其他记者争着编写"疯狂的人从桥上跳下来"的头条新闻时,布莱决定调查纽约的精神健康系统。她假装自己精神错乱了,这样她就可以如愿被关进一个精神病院。

在普利策把她赶出去之前,布莱在精神病院里度过了10天。然后,她为《纽约世界》写了一系列关于自己亲身体验的文章。

这个系列故事火了。纽约的人们如饥似渴地读着每一期连载,它们详细地介绍了精神病人可怕的生活条件、医生和护士的恐怖行为,以及精神健康系统的许多漏洞。

纽约市及美国的其他地区很快就开始改革精神健康系统。

突然之间,人们开始信任《纽约世界》了。

布莱的调查性新闻为订阅者时代铺平了道路:报纸开始在更深层次的报道、更好的故事和专业主题上加倍努力。这催生了杂志业,并使得普利策和赫斯特成为新闻史上最著名的两个名字。

我们从这个故事中学到了几件事。首先,当内容素材无处不在时,深入了解是值得的。

其次,我们再回顾一下前面提到的模式:

报纸印出了新闻(创造),在街角分发赚取一便士(联结),然后发现哗众取宠的头条新闻可以取得最佳效果(优化)。

之后,他们印出一些哗众取宠的故事(创造),以同样的方式分发出去(联结),并意识到他们没有建立读者忠诚度(优化)。

因此,他们聘请了调查记者深入了解特定主题(创造),这使他们获得了订阅者并定期送报到其家门口(联结),之后他们加倍以颇见成效的内容面向受众(优化),最终改变了世界。

现在让我们再前进200年,看看如今历史上发展最快的媒体公司。

你可能还记得Upworthy,它是2012年由一帮聪明且具有社交意识的网络记者推出的do-gooder网站。Upworthy仅仅通过风车模式的几个步骤,就比历史上的任何出版商都更快地构建了一个极为庞大的受众群体。

Upworthy的策略是找到一个别人拍摄出来却无人关注的鼓舞人心的视频,然后在一个设计精美的页面上通过全新的标题、吸引人眼球的照片和诱人的介绍来重新包装这个故事（创造），并在Facebook上传播这个新版本的故事（联结）。

然后，Upworthy会观察，对于读者来说，故事的新版本是否比旧版更具参与性（优化）。人们有阅读过或完整播放过这个故事吗？他们转发分享给其他人了吗？

基于这个研究，Upworthy会测试这些故事的几十个版本。它不断创造新的头条新闻和照片，并在Facebook上与新的人群分享，直到得到产生最佳反响的标题和完美的图片（创造），这为的是最终打出最成功的一击——通过电子邮件将故事的优化版本发送给所有人（联结），使故事病毒式地传播出去。

使用这种策略，Upworthy的增长速度是历史上任何其他媒体公司的五倍，因为它比它们更早地使用了风车模式。

但有一个传说值得我们警惕。经过几年的发展，当公司停止使用风车模式后，Upworthy的流量急剧下降。

这其中有几个原因。其中一个原因是，在几十个开始使用Upworthy"最成功的标题"的效仿者掀起一阵风潮之后，Facebook改变了其算法以惩罚Upworthy风格的内容。这意味着Upworthy在一夜之间遭遇了巨大的变故。Upworthy本可以围绕这一变化进行优化，找到一种比Facebook更好的方式来与受众群体建立联系，或进一步调整其内容创造策略，但是显然 Upworthy 并没有那样做，它最终因为无法适应市场而输掉了竞争。

Upworthy 从流量表顶端的下滑是一个例证：当每一个成功讲故事的运营者都使用风车模式的一些版本（创造、联结、优化）来构建受众群体时，其中最优秀的人永远不会停止改造他们的方法。

想听听好消息吗？如今的技术可以使你比以往更有效地完成这项工作。在互联网出现之前，你必须拥有印刷机、送货卡车及一个报童作为员工才能创造、联结和优化。但是如今，你可以只通过笔记本电脑和互联网连接就能完成所有这些工作。

当我们知道了风车模式后，真正的挑战其实才刚刚开始。要挑战的第一个问题是，我们应如何充分利用它？

联结：讲故事的靶心

在确定你应该创建的内容时，计划如何吸引你的受众是一个重要的考虑因素。所以，我们首先要深入研究风车模式的第二步：联结。

从我们写完这本书到你读到这本书之间所过去的每一年，都至少会有六个新的媒体平台（谁知道会比这个数量多多少）

第5章 建立受众群体的终极方案

在互联网上产生。每天都有与受众群体建立联系的新方法出现,因此我们无法确切地告诉你,明天你该把内容放置在哪里。我们能做的就是告诉你,新的媒体规则为品牌和新兴出版商提供了史上最多的建立良好关系的机会。

这是因为,当下我们能以比过去更简单、更便宜的方式接触到顾客。在互联网出现之前,如果你想把故事传达给群众,你必须投入大量的资金在基础设施上。如果你想分发报纸来散播文字故事,你需要购买印刷机,租用送货卡车,雇用送货员,并与报刊亭进行交易。如果你想发布视频内容,你要么花费数百万美元成立一个电视台,要么将该内容授权给一个现有电视台并声明放弃所有控制权。那么,你将受到"看门人"的摆布。

感谢 YouTube、Facebook、Twitter、Medium 和 Instagram 及其他所有社交平台,现在我们不花一分钱就能在全球范围内向数十亿人发布数据——创作者和观众之间没有门槛,这导致了人们对内容的需求正在爆炸式地增长。根据 comScore 的数据,在 2010～2016 年,人们在数字媒体上花费的时间增加了两倍,这主要得益于人们使用智能手机的数量激增。现今有 2/3 的美国成年人会在他们的口袋里放置可浏览无限量内容的机器,而这个数字预计在未来几年有增无减。

此外，社交网络（Facebook、LinkedIn 和 Instagram）的付费内容发布功能每天都变得更加复杂。在 Facebook 上只需不到 50 美分，你就可以精准地指定一些人阅读或观看任何内容，无论这些人是来自爱达荷州福尔斯的母亲，还是曼哈顿的医保主管。此外，内容越出彩，花费成本越低，甚至只要几美分。有了对的基础设施、方法和讲故事的热情，每天你就会有超级碗大小的机会接触到数百万人，或者，那几个真正重要的人。

尽管如此，社交媒体的世界瞬息万变，以至于当你读这本书的时候很难知道正确的策略是什么。但是，本书为你提供的公式，可以帮助你计算出想要的答案。

公式就是我们所说的靶心。它依据公司类型将公司组成的世界划分为四个维度（见图 5-2）。

简要地说，这里有两种类型的公司：B2B（商对商）和 B2C（商对客）。它们通常有两类目标：品牌推广（或加上人们如何看待你）和转化（人们采取某种行动，如购买东西或要求与销售人员交谈）。

有些公司可能属于这些类别中的一个或多个，这没有关系，只是在研究它们的时候要多花些工序罢了。

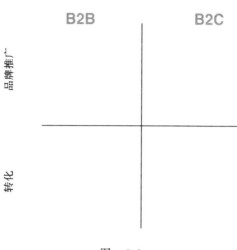

图 5-2

无论你的公司属于哪个类别,你的网站就是联结受众群体最强有力的地方(见图5-3)。在这里,你可以控制品牌推广和转化的体验,可以确保人们看到你希望他们看到的内容,并促使他们采取你希望他们做出的行动。

但是,大多数公司并没有做到让它们想要联结的每个人神奇地"蜂拥而至"它们的网站,所以它们需要通过其他方式与人们建立联系。

第二个最有效建立联系的地方是受众群体的主场:他们的电子邮箱(见图5-4)。这同时适用于四类公司。在发送电子邮件时,你可以控制大部分品牌推广和转化体验,毕竟邮件是直接从你这里发送到接收者的收件箱的。

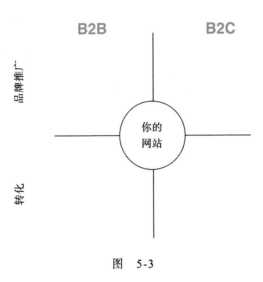

图 5-3

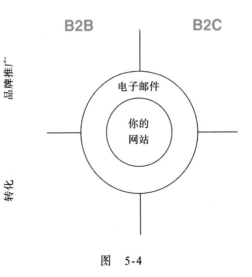

图 5-4

第5章 建立受众群体的终极方案

如果你没有目标受众群体的电子邮箱,那你就要想办法迫使他们来找到你,这意味着,你需要在他们经常浏览的网页上吸引他们的眼球。

那么你的受众通常浏览些什么呢?是哪些社交网络、网站、社交渠道应用呢?

这时,你所研究的公司被归结到的类别就可以发挥作用,为我们指明这些了。如果你在一家对品牌推广感兴趣的 B2B 公司,那么在撰写本书的这个时期,你们的最佳策略可能是吸引 LinkedIn、Facebook、YouTube 和 podcasts 上的人。如果你在一家对转化感兴趣的 B2B 公司,那么你们的目标可能会是 Google 搜索、SlideShare 或相关公司的电子邮件列表。

如果你正在为 B2C 公司做品牌推广,那么你可以在很多地方效仿 B2B 公司的做法,但请记得把 LinkedIn 替换为 Instagram 和 Reddit。如果你在 B2C 公司并且已经完成了转化,那么你们就要转向 Pinterest 和 Instagram 了(见图 5-5)。

你计划与受众群体建立联系的渠道将帮助你确定要创建的内容的类型,而你将要讲述的故事也应该适用于这些渠道。

这里的策略很简单,每个故事都至少应该使受众离靶心更近一步。你的 LinkedIn 帖子或 YouTube 视频应该告诉人们要通过电子邮件订阅更多内容,而电子邮件中的精彩内容应该驱使人们一次又一次地访问你的网站（见图 5-6）。

图 5-5

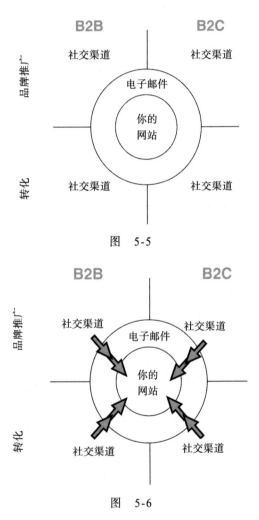

图 5-6

同样地，这些平台会逐年变化，但这种方法背后的原则不会变。

一旦你有了如何与受众群体联结的常规策略，就该解决要创建什么样的故事这一问题了。

创造：故事漏斗矩阵

就像俳句的"参数"使得我们更容易在匆忙中写一首诗一样，图5-7的参数将有助于你想出一个以我们刚才所介绍过的方式联系大众的故事。

我们将此俳句策略称为漏斗矩阵。

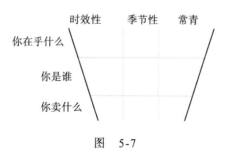

图 5-7

漏斗矩阵有两个维度。第一个维度大致反映了典型营销渠道的几个阶段：意识、考虑和获取。反过来，此图也大致映射了我们的"靶心"：当你的受众在某个网络频道上花时间浏览时，你需要尽力使他们注意到你；当你设法吸引观众的注意力时，实际上你是在试图让他们考虑与你达成交易；当你使他们与销售人员交谈时，你想要做成这笔买卖。

你要讲的故事取决于你目前与受众之间的关系，假如我们使用礼节性市场营销式的约会做类比的话，就是你和伴侣之间的关系。

当你第一次见到某人时，你们的谈话往往围绕着共同的话题——你们的共同喜好和价值观。这就是很多人都习惯谈论天气的原因，因为它会影响到我们每一个人，所以是大家都有的共同话题。

在第一次见到某人时，你可能不会深聊自己的健康问题，也不会分享生活中的一些非常私密的信息。

但是，在你和对方见面之后，尤其是在第一次约会顺利后，你可能会开始分享一些更私密的东西。你或许会开始向对方描绘自己梦想中生活的样子：想要居住的地方，理想的职业生涯，想要旅行的地方。虽然你不会在这时突然向对方求婚，但你会开始分享更多关于自己的事情——你关心什么及想要什么。

到了第三次或第四次约会时，你就会很自然地分享一些比以往更私人化的故事。这是人与人之间关系进步的方式（你注意到讲故事对我们约会时要做的事起到多么关键的作用了吗？它的作用比仅仅做市场营销和出版发行更有效！）。

让我们把话题切回到讲故事的漏斗矩阵上。在一段关系的开始，你应该讲述关于共同兴趣和价值观的故事。随着事态的发展，你可以讲述生活中的人（如你的客户或员工）的故事。最后，随着整件事更加严肃、认真起来，你就可以开始讲述有关你的产品和服务的故事了。

漏斗矩阵的第二个维度为你的内容创造策略添加了额外的帮助，它直接来源于新闻室的剧本。

我们的想法是，根据时间关系将你讲述的故事分成三个类别：源于新闻或时事的时效性故事；与一年中的时间相关的季节性故事；无论受众何时看到或听到对其都很有价值的常青故事。

以我们的客户美国运通为例，美国证券交易所的OPEN信用卡体系希望小型企业知道该体系是在乎它们的。建立这种信任是B2B公司品牌运营的关键要素，因此它们在各个地方讲述故事，尤其是OPEN论坛、内容中心和时事通信这些每月吸引着数百万小型企业的平台。这些企业最感兴趣的是保持自身品牌在业界的领头羊位置，而不是推动转化或谈论美国运通的产品。

于是，美国运通讲述了关于小型企业如何应对招聘和企业发展等挑战的故事。这些就是**常青故事**的例子。

有时候，OPEN论坛会发掘新闻中发生的相关事件，并撰写有关它是如何影响小型企业的故事，如新的加班法和税收政策。这些就是**时效性＋漏斗顶部**的故事。

每年都有一天是美国运通赞助的一个名为Small Business Saturday的假期，以鼓励消费者在当地企业而不是大企业中购物。为了促进即将到来的假期购物，美国运通制作了一个有关全国小企业正如何改变它们所处的社区的视频。这些就是**季节性故事**。

Shinola的关于工厂工人及他们改造底特律的使命的故事，是关于价值观（拯救美国人民的工作）和公司／人员的。所以，它们是**常青＋漏斗顶部／中部**的故事。

GE Reports讲述了通用电气如何发明真正酷炫的产品的故事（但并不试图让受众购买这些产品）。因为公司报告的都是最新的创新，所以这些故事都是**漏斗中部**的，并且经常是**时效性**的。但它们也是常青故事，因为在失去时效性后，它们仍然很有趣。

我们谈到的Groupon的故事属于**时效性＋漏斗底部**的类

型。它们是关于在特定日期 Groupon 希望你去抢购的商品促销的故事。

Zady 的关于牛仔裤的故事也属于**常青 + 漏斗底部**的类型。只要你需要它们，它们就会在你身边。

最聪明的品牌故事讲述者会一直寻找数据，以告诉在漏斗的每个阶段和靶心的每个部分中的受众群体最感兴趣的内容。它们痴迷于此，因为它们知道这是它们的秘密优势。

优化：加快效率

我们最喜欢的解释"风车模式"最后一步的方法，将涉及乔喜欢谈论的除了内容以外的东西：篮球。

你很可能已经知道篮球传奇人物勒布朗·詹姆斯是谁。但除非你是像乔一样的篮球达人，否则你可能不会知道，之所以詹姆斯在迈阿密热火队能连续四次打入 NBA 总决赛，是因为其背后的那个人。詹姆斯和队友的卓越成就在很大程度上归功于他们那聪明、数据狂人似的年轻教练埃里克·斯波尔斯特拉。

当詹姆斯在 2010 年加入球队时，他和超级巨星队友德维恩·韦德和克里斯·波什都在努力发挥自己的凝聚力，但令人大跌眼镜的是，有非凡天赋的他们却遭遇了滑铁卢。詹姆斯在热火队的第一个赛季吃的败仗多到让体育记者公开质疑这个球队是否注定失败。

事实证明，詹姆斯和他的队友所需要的并不是学会如何提升球技——单独来看，他们已经是好球员了。当他们面对每个独特的对手时，该如何调整团体的比赛风格才是关键。

教练斯波尔斯特拉正是教会他们以正确的方式思考这一点的人——他用数据点明了问题。当早期的失败堆积如山时，斯波尔斯特拉并没有向球队主席施加压力，要求他仓促地把一位明星球员卖出去。相反，这位年轻的教练运用先进的统计方法分析了，当热火队输给不同类型的球队时出了什么问题，以及他们可以做出何种改变。

对于旁观者来说，热火队在第一年和第二年之间似乎并没有体现出什么截然不同的变化，但那些研究比赛复杂性的专业人士已经看到了斯波尔斯特拉的调整是何其重要。他让球队发挥了攻势凶猛、非正统的防守风格，补足了运动能力不足的人员缺陷。在进攻方面，他将一对一的僵局变成了一个间距系统，使球员能投出三分球的角球。这被认为是最有效率的投篮，因为它在距离篮筐只有约7米的地方就能带来3分的分值。

第5章 建立受众群体的终极方案

热火队主导赛事的故事通常集中在詹姆斯身上，但在很多方面，未曾被人们广为传颂的英雄是斯波尔斯特拉——一个古怪、身材瘦长的教练，一个即使把他丢进市场营销会议上也能立刻融入其中的人。他知道篮球的战略不是万能的，于是他使用智能分析来做其他教练想不到也没做过的事情：在球场上即时调整球员的战略。这给了热火队达到辉煌之巅所需的优势。

如果要执行一个成功的内容操作，你要接纳自己内心的"斯波尔斯特拉"。（谢恩认为我们可以在这里用"书呆子"来说明问题，但乔坚持写成"斯波尔斯特拉"，并希望每个人都知道当谢恩看体育时会问道："现在是坏人持球吗？"）尽管目前人们都在谈论大数据，但许多营销人员仍然纠结于如何将数字转化为行动方针。这种思想斗争产生的部分原因是他们不知道哪些指标更重要，另一部分原因是他们并没有每天都努力通过仔细研究这些指标来创造出最成功的内容。

如果热火队是由一个顽固的老派教练执教，其坚持要求球员们使用像射程很远的两分球那样低效率的投篮进攻，那么詹姆斯很可能没有夺冠就离开了南海滩。同样，顽固地坚持先入为主的内容策略的品牌将永远不会发挥出全部潜能。

好消息是，如今用内容做出智能的、基于数据的决策，比过去都要容易。如果拥有合适的工具并了解如何用内容来反映目标,你就可以创建一个强大的系统来推动你的内容。

风车模式的第三步是使竞争者脱颖而出,更进一步成为冠军。它是通过智能分析调整前两个步骤(创造和联结)来做到这一点的。

可以用一个简单的方式来描述这个过程,就是查看表现良好的故事,找出这些故事的共同元素,并做出更多类似的闪光点。

我们喜欢用一个永无止境的赛马来打比方。现在我们有十匹马,让它们比赛,然后让胜出的两匹马进行交配,繁殖出更多的马匹。之后让所有马再次赛跑,并无限重复下去。

但是,你如何决定最终获胜的故事是什么样子呢?哪些内容指标才是真正重要的?

这可能是我们被问得最多的问题。我们也喜欢这个问题的表达方式,因为这听起来好像我们正在审议奥斯卡奖。

"乔,今年哪个指标最重要?"

"唔,我会说品牌知名度对我们的文化意识形态产生了巨大的影响,不是吗?"

现在,在内容营销中有一个非常有诱惑力的做法,即将指标划分为两个阵营:没用的和神奇的。但是在内容分析方面,没有什么是绝对的。

我们非常相信BuzzFeed的理论,即所有数据都是有用的,并且没有"神奇的指标"。用BuzzFeed前任数据科学主管哈林的话来说:"即便你什么都不做,也比专注在一个指标上面要好,因为那样你很容易得出错误的结论。"

还有另一件容易导致错误结论的事情:从一开始你甚至都不清楚自己为什么要创造这个内容。

根据内容营销协会在2016年和2017年的研究,近2/3的营销人员在没有任何正式策略记载的情况下创造内容,超过一半的B2B和B2C营销人员都不确定成功的内容程序是什么样的。这是目前内容营销中的最大问题。如果你不知道自己希望通过内容实现什么,那你就无法确定哪些分析是最重要的。

你公司的业务目标应当决定你的内容目标,而这又理应决定你要衡量的关键绩效指标(KPI)。表5-1是乔与分析师丽贝卡·利布一起撰写的《内容方法最佳实践报告》中的示例表。

表 5-1

业务目标	内容目标	关键绩效指标
教育性	**提升品牌知名度**:通过为品牌建立一个参与的受众群体,在市场中建立持久的地位	• 总关注时间 • 总人数 • 社会行动总量 • 平均值:完成每个故事 • 平均值:每个参与故事的人 • 跨社交平台的观点 • 参与率 • 分享声音 • 获得媒体

(续)

业务目标	内容目标	关键绩效指标
教育性	**思想领导力**：凭借行业领先的专业知识，建立作为值得信赖的领导者的声誉，并将此作为差异化因素	• 影响者提及/分享 • 分享声音 • 分享搜索 • 热门关键词 • 内容引用/联合 • 平均值：每个人的故事 • 总关注时间 • 总人数 • 社会行动总量 • 平均值：完成每个故事 • 平均值：每个参与故事的人 • 参与率
	品牌情感：随着时间的推移，改善目标受众对品牌的看法	• 渠道情绪 • 影响者的情绪 • 随着时间的推移情绪
创收	**潜在客户**：创造能够推动高质量潜在客户的内容	• 领导转换 • 平均值：领先分数 • 符合销售条件的潜在客户（SQL） • 机遇 • 搜索流量 • 回访率
创收	**领导培育**：通过渠道移动潜在客户，直到他们成为客户	• 按 SQL 返回访问率 • 潜在客户电子邮件的点击率（CTR） • 转换时间 • 每位客户的成本
客户体验	**忠诚度**	• 回访率 • 电子邮件订阅率 • 社会追随增长 • 平均值：当前客户阅读的内容
	客户服务	• 使用数字内容和工具解决的服务问题数量 • 服务工具评级

如果你最关注的是品牌知名度指标,那么你就需要仔细研究人们对你制作的内容的参与程度。

我们可以通过访问 Contently Analytics 来实现这一点,它可以衡量 Google Analytics 所没有的许多用户互动指标,但下面这些指标是我个人比较感兴趣的。

实际参与读者

至少花费了 15 秒时间阅读这些内容的人数。

转发分享

这一点仍然很重要。当人们毫不犹豫地在他们的社交网络上分享你的内容时,这在一定程度上说明了问题。

平均注意时间

花费在滚动页面、点击、标注高亮区域并且通常情况下注意你的内容的平均时间(换句话说,确保读者不只是在用微波炉热口袋比萨时将页面点开,然后就放在那里没去看了——并非不尊重口袋比萨)。

平均完成程度

人们读你的故事到哪儿了?如果他们读到 25% 的位置时

就退出并返回上一个页面，那要么是你写了产生误导性的标题，要么是文章整体非常糟糕。如果他们平均读完了90%的故事，那么你就成功了。

社交升力

一个简单的计算（分享/浏览+1）可以告诉你一个故事有机会获得多少额外的有机社交流量，这将有助于你确定分配的优先顺序。

每人平均读的故事数量

人们有停留在你的页面上阅读更多的故事吗？

新闻报道得分

新闻报道得分基本上根据出版物与目标受众的相关程度，对内容所获得的新闻提及度，以及提及内容的流行程度进行加权排序。我们在原创研究上投入巨资的最大原因之一是，它为我们提供了大量来自主要媒体的新闻，例如我们在2016年12月与纽约市立大学一起发布的对本土广告的消费者认知的深入研究。当我们的研究被Digiday重点提及的时候是意义重大的，因为我们将得到更高的加权新闻报道得分。如果该研究只是在

NYCDoggies.com 上被提及，那我们将获得较低的排名——这不是歧视 NYCDoggies.com 的意思。

如果你担心潜在客户的生成，那你仍然需要关注参与度指标——正如我们之前提到的那样，在第一次约会后对方不太可能会直接答应嫁给你（或从你那里购买东西）。在与他们建立稳定的关系后，"转化"（变成爱情或利润）的概率要高得多。但是，还有其他指标可以帮助你了解你的内容对潜在客户生成的贡献程度。

电子邮件转化率

一个伟大故事的最佳指标之一是，它能否说服读者订阅时事新闻邮件。

领先形式转换率

如果那些故事能打动读者，使他们流露出对其他昂贵软件的兴趣就更好了。

领先分数

基于多种因素（公司规模、所有权、行业和其他信息），潜在客户转化为客户的可能性有多大。

机会

人们通过看到的内容表现出成为我们客户的兴趣,从而进入我们的营销漏斗。例如,在 Contently 平台上,我们有超过 50% 的转化机会来自阅读我们的内容或下载电子书的人。

我们可以继续下去。选择你喜欢的内容指标就像选择你最喜欢的忍者神龟一样。尽管我们告诉 10 岁的自己,20 年后忍者神龟将在我们的生活中被内容指标取代,他们很可能会哭。然后,他们会认真地告诉你,他们最喜欢的忍者神龟是拉斐尔,毋庸置疑。

如前所述,另一个最佳实践方法是标记出你的故事(按主题、角色、格式等),并将生产指标与绩效指标进行比较。这样,你就可以看到哪些故事所对应的 KPI 不足或超额。从本质上讲,你可以创建数十种不同的"赛马",找出胜利者,并相应地改变你的内容策略。当我们的首席执行官给我们发电子邮件,并询问为什么我们刚刚发布了一个看看人们能否通过标题来确定内容是关于精灵宝可梦 Go 还是金·卡戴珊的挑战时,这些就是我们需要准备好的洞察力(毫不意外,这是我们在 2016 年夏天最受欢迎的故事之一,那时候的我们都还显得天真和格格不入)。

第5章 建立受众群体的终极方案

这说明了另一个重要的观点。通常，这个过程的价值在于提高内容的质量，就像在指令的链条上汇报你的成功并使你获得更多资源来做更雄心勃勃的内容一样。

我们建议你使用数据来讲述一个简短、有画面感的有关成功内容的故事，例如选择三四个数据点展示你在内容上付出的努力是如何帮助你的业务的。要展示出你的进步，以几种不同的方式传达出这个信息。例如，发送电子邮件，将其插入Slack，并要求在下一次全体会议上演示10分钟。当然，你可能会被别人厌烦，但是你可以保住工作了。

如果你拥有与CEO相同的名字，这会有所帮助。人们总是向我们的CEO乔·科尔曼赞美内容策略师，认为他是乔·拉扎斯卡斯（科尔曼是一个超级分析家，这也是我们暗中怀疑他为什么会保留我们的编辑团队的原因）。但是严肃地说，正面的反馈在特定情况下总是有帮助的。如果下一次有客户或潜在客户喜欢你的内容并告知了你，请务必让你的高层领导也知道。这就是"前进"按钮的用途。

第6章

品牌新闻室

那是7月的一个早晨9点,一个名叫"狂欢思考"的头脑风暴会议正在锐步的新闻室里如火如荼地举行。

当我们走进来时,锐步全球新闻室的高级主管丹·马兹正踩着椅子,在白板上简要地记录着故事的好点子。十几个工作人员围着他,聚集在几个沙发和色彩缤纷的小板凳上。每个人都那么年轻,身材恰到好处,此时我们已有预感这里将会上演一部办公室喜剧,而接下来的玩笑话证实了我们的猜测。

"Refinery 29㊀昨天的标题是'来自一个真正的健身女巫的神奇建议'。"

"一个女巫?"

"是的,一个健身女巫。她在曼哈顿的一家名为'魔法'

㊀ 一家专注于年经女性的美国数字媒体和娱乐公司。——译者注

的神秘商店里工作。她也是'探界者'的培训师。"

"让健身成为一种哥特潮流大放异彩。"

"有一种哥特健身潮流?"

"哦,天哪,当然有啦。人们都穿着一身黑去健身。Bowery 有一个工作室,你能搜索到它吗?它的天花板上绑着一辆旋转着的自行车。"

"那么,她可以来做我们的哥特健身专家吗?"

这个练习持续了一个小时,直到最后马兹踮起脚尖,把白板上最后一寸的空白也填满了。该团队计划和一位非常有影响力的 15 岁举重运动员合作拍摄一段视频。他们会给他像 Skip-It 这样的老式玩具,并观察他对这种已经成为过去式、曾经风靡于千禧年的游戏道具会做何反应。

该团队还敲定了六篇博客文章——从室内健身的流程到帮助你度过酷暑,再到对前辣妹组合的一篇可怕的访谈。

当他们分别回到自己的工位时,整个团队的激情仿佛都燃烧起来了。会议室里留下呆呆地盯着白板的我们,我们从心底惊叹这个"品牌新闻室"与现代媒体中最时髦(也是最成功)的"传统新闻室"何其相似。

人才竞争

不久前,"品牌新闻室"这个词听起来还像个自相矛盾的说法。但随着插播广告越来越被观众所忌讳,许多大公司开始诉诸媒体这个出口,来获取如何准确抓住目标受众的线索。据统计,有78%的CMO的答案是:"讲故事"就是营销的未来大趋势。反过来看,许多公司也已经开始组建像锐步这样专攻营销内容的团队。

但是,要建立一个可以策划出顶级优秀内容的品牌新闻室,这些品牌必须与传统出版商竞争,以吸引最优秀的创意人才。在初期这是非常困难的,因为许多有创造力的人士仍然把目光专注在传统媒体的相关职业中。正如在许多电影学院和新闻学院毕业生的心目中,在Vice工作与在德意志银行工作还是有巨大差异的。

然而,随着各种品牌开发出模仿BuzzFeed和Vice等时尚公众媒体的开放式新闻室,人才市场的流动已然加快。

在锐步华丽又明亮的新闻编辑室中,"狂欢思考"会议为员工提供了一个清晰、明白的"创业"氛围,使人们可以获得充分的创作自由感——你可以自由地提出任何想法,不用顾虑它有多么荒谬,因为这个团队真正强调的是讲述精彩的故事,而不是市场营销常用的官方文章。

这个会议的发起人马兹于2015年年底从Edelman公共关系的岗位过来接手领导锐步的营销内容工作,他期待着能够激发这个部门更多的灵活性。"要想激发创造力,你要学会转动一枚一角钱的硬币,"他告诉我们,"对于新闻室的运作方式而言,这会提供一些正能量,毕竟我们不应该趴在办公桌上。"

锐步新闻室的战略是,在以媒体为中心的世界中重塑品牌形象,并在品牌定位上与竞争对手区别开来。它并没有打算与耐克或安德玛在邀请著名运动员代言方面针锋相对,而是计划通过故事将重心放在培育与利基市场的关系上。

由于该品牌赞助了CrossFit Games,所以锐步的新闻室特别花了很多时间讲述CrossFit爱好者的故事。这种营销内容的策略有助于锐步在白热化的市场竞争中与CrossFit爱好者建立起联系。

"我们的品牌精神已经转向了另一个群体,"马兹说,"我们的目标受众是那些每周去健身房锻炼五次,努力工作,敢于挑战困难事物的人。"

为了与这些利基受众建立起联系,这个服装品牌已经不再像营销人员一样思考问题,而是转变身份站在出版商的角度去考虑。

无形的新闻室

建立新闻室可能形成一项投入巨大的开支。不论是办公空间、室内装修还是聘请全职员工，都会增加成本。

但好消息是，如今我们完全可以不投入大量的固定成本就建立起一家新闻室了。对于每个在总部内建立迷你BuzzFeed的"雀巢"和"锐步"而言，许多品牌的新闻室其实并不是实体存在的。

这是我们在Contently平台上亲眼看到的事情。数以百计的品牌使用我们的平台组建有编辑、写手、设计师和摄像师的团队，并完全虚拟化地管理它们的营销内容运作。它们建立的远程终端团队通过使用软件管理"飞轮"系统，并通过短信、FaceTime或电话进行通信。

对于SoFi的前营销内容总监大卫·加德纳这样的人来说，这种安排是合乎逻辑的。"因为我们的公司内部没有写手，所以我们选择了Contently的自由网络平台，"加德纳说，"我们还需要一位责任编辑来拓展内容并管理写手。"

公司也可以选择一家如Genpact那样的商业转型公司，利用Contently与数十位作家迅速建立全球性的新闻室，从而简化建立内部团队的烦琐过程。

事实上，通过软件平台构建的虚拟品牌新闻室是有意义的：自由职业者可以在家里舒适的环境中工作并获得优厚的酬劳；这些品牌可以快速建立并便利地维护新闻室，而无须招聘全职员工，这样它们就可以灵活地使用那些原本不会被特定用于人员上的预算。这些全虚拟化的模式在几年前很难实现，但随着市场营销技术的进步，其已成为对人们越来越有吸引力的选择。

你喜欢什么类型的新闻室

对于想要受到关注的品牌而言，对营销内容的投资是必不可少的。根据内容营销协会 2017 年的基准报告，89% 的 B2B 营销人员和 86% 的 B2C 营销人员现今都在以营销为目的做产品内容，并且两组中有超过 40% 的营销人员表示他们的内容营销预算将会进一步增加。

在这个过程中，我们可能会看到一些不同的模式出现。像锐步、JPMorgan Chase 和 Casper 这样的大公司会在总部建立类似于数字化出版社的内部新闻室。其他公司（比如 Genpact 和 SoFi）会为内容技术融资，并开放自由创意人才的网络。也会有像万豪这样的公司，尽管其在世界各地都有实体的品牌新闻室，但同时经营着一家由自由职业者组成的旅游杂志，并使用内容营销技术将遍布全球的团队紧密联系起来。

多年来,"品牌新闻室"一直是被大众最为冷嘲热讽的营销流行语之一。但在未来,寻找和维护顶尖人才的压力正在演变出一些振奋人心、令人意想不到的新内容营销模式。品牌要根据自己的文化、预算和资源决定什么模式是适合它们的。但有一件事是可以肯定的:相比过去,这个行业有更多极具吸引力的道路可以选择了。

换句话说,随着"讲故事"对于所有的公司愈发重要,现在已经没有什么障碍可以阻止我们在这上面投入更多了。

第7章

品牌故事的未来

1956年,一阵带有神秘植物孢子的风吹进了加利福尼亚州的圣玛利亚小镇。从那时起,故事就开始变得扑朔迷离起来。

巨大的绿色豆荚开始在镇周围疯长。但更诡异的是,当地的精神科医生那里突然有大批的社区居民登门就诊。每个患者都患有一种叫卡普格拉妄想症的怪病——病患们深信自己所熟识的某个人不再是他们原本的自己(而是被另一个长相一样的人取代了)。很快,医生们开始恐慌:他们的家人、朋友的行为举止也变得奇怪了。他们四处走动,眼神空洞得像僵尸一样。

没过多久,一种传染性极强的疾病大面积爆发了。

事实上,医生的病人们没有疯。他们所爱的人的确已经被其他生物替代了。

被外星人替代了。

那些植物孢子来自外太空,而那些豆荚趁人们熟睡之时将他们吞下,一夜之间就能制造出和他们一模一样的复制体——没有人格的僵尸复制体。

不久后,几乎所有的圣玛利亚居民都变成了"豆荚人"。这些复制体在街上游走,外表千姿百态,内在却是同样的空壳。

当然,这个故事并没有真实发生过。这是经典电影《天外魔花》中的情节。

但是,做商务讲故事这一行如果不够谨慎,如上所述的情况便极有可能发生。

僵尸化的过程已经开始了。数百万聪明的营销人员已经被"内容"病毒感染,他们已经接受了这样的想法:故事和教育能以一种商业宣传和行为号召所不能达到的方式建立关系并得到人们的重视。这是一件好事!但不幸的是,由于"内容"的构建很难,所以很多人逐渐开始麻木,随波逐流地做着和别人一样的事。或者更糟的是,把一成不变的侵略性营销手段伪装成"讲故事"。

这听起来可能有一点消极。不可否认,在商业世界里有过很多出色的讲故事的例子。但是,危机的信号同样很明显。

在 Contently 平台上,我们每个月都会接收数千个公司的呼入,它们希望在"内容"方面获得帮助。我们和百余家世界顶尖的品牌出版商合作,并帮助它们生成和管理内容营销。此外,

第7章 品牌故事的未来

在我们的博客中,有关品牌内容产业新闻的报道远比关于其他出版物的多。有了这样的对形势的把控和展望未来的眼界,我们把"僵尸内容"视为品牌出版商前进道路上的最大挑战。

这种现象的出现主要归结于两个因素。首先,品牌内容产业正趋近于饱和。这就好比互联网的成功使得所有人都可以录制自己的音乐并免费把录音传到网上,很快,音乐作品以惊人的数目像洪水一样涌入互联网,而其中大部分的质量都很糟糕或极为无聊(为了避免尴尬,我们就不把自己乐队过去在MySpace上的主页链接放在这儿了)。过了一段时间,想要从这些僵尸一般的MySpace主页里找到一个好的新晋歌手就很困难了。

其次,很多不善于构建内容的代理商都在出售"僵尸豆荚"。一些原本专长于其他方面的机构,一边声称它们提供的服务与"内容"相关,一边用老项目滥竽充数。它们可以被称作附和型技术贩子,借着固有的名声做卑鄙的事。这样做的结果,就是产生"僵尸内容"。

基于我们所有的报道和研究,以及我们自己做内容的经验,我们认为,要想避免变成"豆荚人",并切实地通过讲故事取得成效,有三个要点是未来的品牌必须要完成的。

我们相信,未来属于能够满足以下几点的人。

第一个要点：突破质量讲故事

在 20 世纪初期，托马斯·爱迪生揭晓了一项改变世界的发明：电影放映机。这是世界上第一个可用来放映动态影像的设备。从本质上来说，这就是电影投影仪的前身。

爱迪生主办了很多仪式性的电影放映活动，来配合电影放映机的发售及一系列更新。他当年放映过的一些老电影如今依然能在网络档案室里找到。以现代的标准来看，它们着实有些粗制滥造，但在那个年代，它们的出现简直是一个奇迹。

在 1903 年的一个场合中，纽约的人们为了观赏一个特殊的爱迪生电影而盛装打扮、汇聚一堂，只为能见证这个最新也是最伟大的发明。他们穿着无尾礼服和及地长裙，在剧院外排着队。随后，他们在灯光变暗的时候坐下。随着电影开始放映，人们不禁惊叹这黑白的画面竟如同真的一样。

这个电影的全部剧情是：三个男人站在一艘垃圾船上，铲着垃圾。

没了。他们就在那里铲了 5 分钟的垃圾。

这是一个名副其实的"垃圾"电影。

你能想象吗？有些人为了来看这个电影特地买了裘皮大衣，有小两口为了谁照看孩子而争执。到场的人们喝着香槟和白兰地，坐在华丽的椅子上……看铲垃圾。

人们之所以愿意这样做，是因为电影这种媒体对他们来说太新奇了。只要能看到那样酷炫的能动的画面，观众根本不在意电影的剧情是什么——即便是铲垃圾。

但是这种狂热并没有持续多久。在20世纪10年代，美国的电影业制作了23部电影。在接下来的10年里，竟有4000余部电影诞生于美国。而后的下一个10年，这个数字又增加到了将近7000部。

在此之后，每10年里制作的新电影的数量急剧减少。到了20世纪60年代，平均每年只会产出几百部新电影。

这是因为"垃圾"只能借着新鲜感吸引人们的兴趣。一段时间过后，人们不会再专程去看"垃圾电影"，所以投资制作烂片的人自然少了。

电影业由此得到的教训是，只"拍"电影是远远不够的。为了吸引人们前来影院，电影本身必须要有好的情节。

到了20世纪70年代，"大片"这一概念的诞生彻底改变了电影业。《星球大战》《教父》及其他大片为人们讲述了一个又一个引人入胜的故事，它们打败了其他新闻、电视节目及尖叫的孩子带来的干扰，牢牢地抓住了观众的内心。

随着每一种与观众沟通的新渠道的出现，我们不难从中看出相同模式的存在。我们总是为最新鲜的玩意儿感到兴奋，并投以关注，无论是收音机、互联网还是Snapchat，即便它是垃圾也不例外。但最终我们会在内容方面对这些平台失去兴趣。归根结底，我们真正想要的是精彩的内容，否则大家就会转而做其他事情来打发时间。

如今内容方面的市场营销与此状况类似。过去一个品牌如果会发布博文、信息图及社交网站视频就很新奇了，但如今这些只算是雕虫小技。因此，未来属于那些能够创造出比市场上现存的"内容"强百倍的品牌，且人们也就没有理由指控它们是"僵尸"了。

并非巧合，这和MySpace目前的处境差不多。一旦任何人都能无门槛地做音乐并把录音传到网上，互联网中就会充斥着"僵尸音乐"。很快，一个普通的弹吉他的YouTube视频就变得无趣了，就像那些"豆荚人"一样。这个现象持续了一段时间，直到贾斯汀·比伯的出现，尽管我们不愿承认，但他的确改变了现状。在比伯13岁那年，音乐营销商斯库特·布劳恩偶然地点开了一个比伯在家里弹奏原声吉他的视频。这个视频深深地打动了布劳恩，促使他将比伯带去亚特兰大面见亚瑟小子。

很快，比伯变成了一个明星。很多人以与他相似的方式出了名：他们原本默默无闻，不大有机会被发掘，而他们通过创造出非凡的内容，把命运握在了自己的手中。

20世纪70年代，"大片"的出现有两个原因：有远见的导演打造出了精彩绝伦的故事，也提高了拍摄和特效的技术。

未来的商业讲故事者会把自己想成一个导演，像史蒂文·斯皮尔伯格或凯瑟琳·毕格罗一样，只要他们有一个从一而终的计划，就能打造出比僵尸竞赛厉害十倍的故事。这为我们引出了第二个要点。

第二个要点：精准的策略

每年9月，万余名市场营销商和其他的商业人士会汇聚在俄亥俄州的克利夫兰，参加一场名叫"内容营销世界"的商业故事大会。在过去的几年里，同一张图表在很多演讲中屡次出现（见图7-1）。

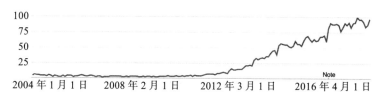

图 7-1　在谷歌搜索"内容营销"的数据变化

图 7-1 展现的是在谷歌上搜索"内容营销"这个词（对于所有关注商业讲故事的产业的涵盖性术语）的记录的爆炸性增长。参加"内容营销世界"的人都爱这个图，因为这对他们而言就像《乐高大电影》的主题歌（Everything is Awesome）一样（任何一个在"内容营销世界"大会上的人都一致认同，《乐高大电影》是史上最强大的一次内容营销）。

虽然这个图很有意思，也是人们对商业故事的兴趣剧增的写照，但它并没有道出完整的故事。尽管大部分公司都认同一个观点，即若想在嘈杂的数字世界取得成功，优秀地"讲故事"会起到决定性作用，但很多人仍在为把"讲故事"融入他们的商务中而经历着成长之痛。

事实上，他们经历的挑战和当年的导演一样。尤其是他们的很多故事并不是很好，这使得他们面临着和曾经的爱迪生模仿者一样的"垃圾问题"。

这种现象对新的市场纪律来说尤其普遍。高德纳，现今最受信赖的分析公司之一，用技术成熟度曲线（Hype Cycle）充分概括了这个趋势，其主要功能是追溯新型营销技术和市场纪律的进化。技术成熟度曲线所讲述的故事远比图 7-1 的搜索趋势图要丰富、有趣。图 7-2 是发表于 2016 年 11 月的技术成熟曲线，从中我们不难看出内容营销的下降幅度，这被高德纳称为"泡沫化的低谷期"。

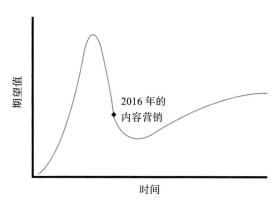

图 7-2

"泡沫化的低谷期"可能是我们听过的市场营销中现存的最令人沮丧的术语。更糟糕的是,任何新兴产业都没有办法避免它。技术博客写手的吹捧、广告杂志上的流行故事,加上有魅力的创业家的先知性思想领导,使所有人极度兴奋——天花乱坠的广告宣传使几个早期的实践者取得了巨大的成功。但是,当所有人都逐渐加入了改革派之后,尤其是在大型机构内,执行每一步时都出现了阻力和障碍。供应商黔驴技穷,无法满足品牌的需求。期望逐渐消退、幻灭,失望由此诞生。

基本上,大家都变得失落而充满挫败感。

2012年内容营销的技术成熟度曲线的出现并不应该让任

何人感到吃惊。到了那时，我们已经能很明显地看出消费者对传统广告的关注越来越少。与其观看电视广告，他们更愿意在 Netflix、HBO GO 和他们自己的智能手机上看没有广告的网络电视剧。与纸质报纸相比，他们更倾向于阅读朋友在 Facebook 上发表的内容。出版商为了保持曝光率，用展示单元塞满了整个网页，直到它看起来不再像一个频道，而是埃及的十场瘟疫之一。

这时内容营销突然出现，并提出了一个简单的解决方案：如果品牌只讲人们喜欢看、喜欢听、喜欢读的故事呢？

最早的几个案例很鼓舞人心。红牛最先推行了把品牌做成媒体公司的想法，而早期 Contently 平台的其他客户，例如通用电气、美国运通和 Mint 都充分证明了 B2B 组织和利基行业中的公司也可以从内容营销中受益。

作为回应，很多品牌都开始建立内容团队并拨出指定用途的专用于内容营销的试验性预算。如今回头来看，这一步其实走错了。内容本该是品牌整个营销运作的燃料，但它经常被置于"真空"中。品牌将看似夺人眼球的博客藏匿在公司网站中很不好找的角落里，然后理所当然地等待成效。即使那些内容根本没有得到付费或有机推广，他们也认为客户一定会找到它。

第7章 品牌故事的未来

　　这种情况其实很好理解。很少有商业组织有记录在案的内容策略，即便是现在也有超过60%的营销商依然没有。自从数字时代飞速地改变了人类的行为，销售人员便无法从既定的教育和指导中汲取经验。在本书中我们特地提到的洞察力强的商家，包括万豪、Mint、美国运通、大通银行、Dollar Shave Club和通用电气等，都学会了如何把讲故事变成企业的核心，并击溃它们的竞争对手。它们建立了品牌新闻室，讲述了令人惊叹的故事，并夺得了对品牌至关重要的受众的心。

　　但其他公司的学习曲线比这陡峭得多。很多公司决定只是简单地建立一个博客，然后祈祷客户像《梦幻成真》里凯文·科斯特纳的朋友们一样纷纷出现。毕竟，这种手段比绞尽脑汁想出一个真正的策略要容易很多。

　　这导致一路领先，很早就掌握了讲故事方法的"大片品牌"和绝大多数难以改变并适应的公司之间出现了通往成功的巨大鸿沟。营销数据公司Beckon在2016年做的一个调查表明，前5%的品牌内容占据了90%的参与度。

　　这难道说明内容营销已经没有用了吗？

　　恰恰相反，这证明了一件很明显的事：如果你创造了一个新颖、杰出的东西，那你就有垄断消费者注意力并将竞争对手埋没在你的影子里的机会。所以，平庸的内容不论怎样都是无效的。

但根据我们在过去几年中观测到的内容产业，以及我们帮助百余个 Contently 平台上的客户发展突破性的内容策略的经验来看，这个鸿沟在逐渐缩小。我们即将走出"泡沫化的低谷期"，这是因为品牌终于开始意识到，好的内容应该被整合到营销和沟通策略的各个方面。为了达到这一点，它们意识到还有一样关键的东西是必要的。

它们需要的，是技术上的优势。这把我们带到了品牌故事未来的第三个要点。

第三个要点：技术帮助及数据优化

2011 年，在线视频网站 Netflix 决定拍摄他们自己的首部电视剧。在这之前，这个公司只是购买了其他公司制作的电影和电视节目的许可证并进行播放。

Netflix 要拍的是一部叫作《纸牌屋》的政治网络剧，该剧根据一个英国同名电视剧改编。这部网络剧的主演是大奖得主凯文·史派西，导演是曾导演过《社交网络》和其他好莱坞大片的大卫·芬奇。

这是一项重大的投资。当然，制作任何电视剧都需要巨大的投入，但这一部尤其昂贵，光是史派西、芬奇和其余演员出

第7章 品牌故事的未来

演两季的薪酬就高达一亿美元。

但是,和大多数仅凭制片人的经验和直觉而制作的电视剧不同的是,Netflix 有一个秘密武器可以保证这项投资稳赚不赔。

大多数电视剧公司和电影制片厂对其作品反响的了解甚少。诚然,它们知道有多少人买了电影票和光盘,也会看看评论家们在"烂番茄"之类的网站上写的评论。但 Netflix 除此之外还知道更多的信息。鉴于观众通过 Netflix 的应用软件观看视频,这个公司能够获取完完整整地看完它们任何一部电影或电视剧的用户的确切人数;它也知道人们都在什么时候暂停播放,什么时候回放及接下来会看什么。它不仅知道有百分之几的人连续追了几季的《公园与游憩》,也知道有百分之几的《公园与游憩》的影迷还喜欢看什么,比如《蝙蝠侠》。

通过这些数据,Netflix 可以知道三件事:看史派西主演的电影的人通常会把整部电影看完;看芬奇导演的电影的人通常会看更多他导演的电影;看英国版《纸牌屋》的人通常会一口气把整部电视剧看完。㊀

㊀ 在本书英文版即将出版之时,Netflix 宣布鉴于有关史派西不良行为的指控,公司计划终止《纸牌屋》。Netflix 的数据并不能告诉我们明星私下做过多少不为人知的事,但能让我们知道早在 2011 年时有多少人迫不及待地想看史派西主演的作品。我们猜想,Netflix 未来的数据会呈现出观看史派西电影的人数量骤减的趋势。

有了这些数据，Netflix 决定制作这部全新的《纸牌屋》也就不是什么疯狂的举措了。你猜怎么着？据《大西洋月刊》分析，基于这部电视剧吸引的新订阅者所带来的收入，Netflix 公司一亿美元的赌注在三个月之内被付清。

从那时起，Netflix 利用同样的大数据手段保障了更多电视剧的成功，例如《女子监狱》《制造杀人犯》《杰茜卡·琼斯》和《怪奇物语》等。

众所周知，在普通的电视业中，有将近 2/3 的新电视剧会因收视率不够高而无法拍第二季。Netflix 的自制电视剧更新的频率是普通电视剧的两倍，而在第一季之后便结束的剧仅占 30%。

Netflix 的电视剧频道之所以比其他电视剧好两倍，是因为它充分利用了技术和大数据的方式。它的故事也给其他品牌上了有益的一课：如果你能创造出打动某个特定群体的内容，你就能吸引这群能使你的平台保持高效的用户。一个每月付给 Netflix8 美元的忠实订阅者所带来的利润，比大量受一条 CBS 广告吸引的观众所带来的利润要高得多。

同样地，对品牌而言，品牌自主内容的少数忠实读者比其他网站中大量的模仿广告更有价值。

这个道理适用于未来所有的内容媒体，不仅仅是娱乐电视。能智慧地利用数据和技术的公司和其他公司相比，会占有巨大的优势。

这个道理会随着时间的推移显得愈发正确。因为科技水平在日益提高，提供了一个可以让内容创造者和发放者操控的平台，这可以增强它们的竞争力。不久之后，如果你不用技术引领决策和效率，或用它帮助你讲述更有活力的故事，那么你会丢失创造力和成本效率，最终走向失败。

内容决策引擎

在 Contently 平台上，Netflilx 的故事启发了我们。它使我们思考，如果必须给 Netflix 的秘密武器取一个名字，我们会叫它什么？这个让 Netflix 制造出比其他影视剧制作公司的成功率高出两倍的电视剧的神奇数据应该有一个什么样的名字？

我们叫它"内容决策引擎"。

这是因为 Netflix 的秘密武器不仅仅有数据，还有它如何利用这些数据在影视剧制作过程中的每个环节中赢得优势：从给剧集制定如何取得成功的策略，到真正的拍摄过程，再到找出哪些元素最有成效，并保证下一季得到充分的优化。

数据本身不是很有用。没有人能给一个制片人一张填满数字的表格，并指望他立即知道谁该做导演，应该招募怎样的演员，剧情该如何设定。数据本身就像废旧的金属碎片一样，离变成引擎还相距甚远。一旦你有了合适的技术和像流水线一样流畅的流程，这些零碎的数据就能产生巨大的能量。

下面一节的内容适合正在寻找如何用科技建造一个强大的讲故事组织的教程的读者，其尤其适用于大型组织。它的内容主要是告诉你如何用技术来建造一个能帮你更快、更智慧地做出决定，并在讲故事的每一步中都得到小优势的"内容决策引擎"。

内容操作轮

还记得上一章里的"飞轮"吗，那个用来建立一个庞大无比的客户群的通用公式？当我们开始为 Contently 平台上的客户创建属于我们自己的"内容决策引擎"时，我们把这个公式细化成了不同的阶段，以更好地表现出一个集团内部的流程是怎样运作的。与其叫它"飞轮"，倒不如只叫它"轮"。

"轮"的中央是"内容决策引擎"，像钢铁侠的核心反应堆一样，是一切能量的来源。它会帮助你在讲故事过程的五个环节中做出更明智的决定（见图7-3）。

第7章　品牌故事的未来

图　7-3

策略

在这个阶段，你需要弄清楚观众想要什么样的故事，从而决定你将用何种方式触动他们，并制订一个让每个人都参与其中的行动计划。

计划

在这一阶段，你将决定如何具体地实施你的策略，比如制作内容日历、招聘团队成员、做出预算。

创造

这是最有趣的一部分。在这个阶段你会创造自己的故事,并做出正确的、有创意的决定,来讲述最好的故事。

激活

这是你讲述自己的故事,并用它们和重要的客户建立关系的环节。

优化

这是最重要的一步。你将找出哪些策略最有效,并为下次表现更佳做出相应的改进。

在 Contently 平台上,我们相信成功进步的秘诀是有效利用科技,这可以使人们在以上所有环节中能做出更快、更好的决定,特别是那些在规模大、结构复杂的企业中工作的读者。所以在下面一节,我们将预测一下"内容决策引擎"会怎样改变企业讲故事的方式,以及这对未来的意义是什么。

策略

《Vice》《名利场》和瑞士银行走进了一家酒吧……

第7章 品牌故事的未来

等等,其实那不是一家酒吧。他们走进的是一个会议厅,而此次会议的目的出人意料。这个不同寻常的三人组合——一个标志性的时尚社论品牌、一个另类的媒体帝国和一个金融服务巨头,打算三强联手,试图打动全世界最难动摇的一批观众。

在2014年年末,瑞士银行,一个在我们写这本书时处于《福布斯》富豪榜第27名的财富管理和投资银行,意识到一个问题。当时他们正在官网上发表有关智慧思想领导力和分析的文章。这些信息容易吸引投资鬼才,但瑞士银行的市场调查表明他们的宣传需要打动另一批同样重要的观众,而这些观众从来都不会阅读银行官网上关于投资的文章。

瑞士银行想要吸引的是非常富有的千禧一代及女性。当他们钻研这些群体想要什么的时候,其意识到,要想成功地打动这批观众,银行需要走出自己的舒适区,并在必要的时候,甚至放弃融资的话题。

瑞士银行想出的计策是"无限网",一个旨在吸引富有的千禧一代和女性的需求和对知识的好奇的网站。该网站中包含了从史蒂芬·霍金到莉莉·科尔每个人的观点,并提供关于财富(钱财与经历)和时间(虚无缥缈的概念与硬通货)的深度思考。我们可以把这个网站看作一位参加富豪晚宴要小聪明的宾客打的小抄。

在过去的两年里，该网站为这个金融巨头取得了巨大的成功，帮助其吸引了一个本不会对银行的财富管理服务感兴趣的群体。但是，其中的风险也不容小觑，没有任何品牌能异想天开地做出这样的决策，但凡一个思维正常的管理层都不会同意出资。你需要证据和远见。而科技，将在其中扮演越来越重要的角色。

表面上，Netflix想出的绝杀性策略似乎是前无古人，后无来者的，毕竟它有权限访问别人拿不到的十亿量级的数据点，不是吗？事实上，我们都能取得关于人们想要什么的数以亿计的数据点，而你需要知道的是怎样建立一个能为你指引方向的"内容决策引擎"。

在社交网络、搜索引擎和智能手机的时代来临之前，我们没有办法预知人们最喜欢怎样的故事。但是如今，我们有能力预知了。这是因为每当一个人搜索某个特定的信息或故事时，互联网会把他们对这个话题感兴趣的讯息发送给全世界。同理，人们在社交网络上分享的故事也是他们阅读或观看了某样东西的信号，那些东西曾深深地触动过他们，以至于他们迫切地想要和朋友分享。

鉴于所有这样的动态都集中在少数的几个网站上，主要包括谷歌、Facebook、Twitter、LinkedIn、Instagram 和 Pinterest，我们能够将其整合出一幅完整的蓝图，从而了解什么样的人喜欢什么样的故事。此外，一大批包括 Contently 平台在内的技术公司通过研究发现了，如何利用这些数据引导其内在的"Netflix 能量"，并帮助人们找出什么样的故事最容易成功。

Contently 平台的流程大概是这样的：首先，我们选定一个我们想要吸引的目标群体；然后，我们使用一整套自主研发及外来的工具，如 Facebook 和 LinkedIn，来了解他们最感兴趣的话题都是哪些。

一旦我们掌握了这些话题，事情就变得非常有趣了。举个例子，通过对受众的预测，瑞士银行可得知他们的顾客对人工智能非常感兴趣。但人工智能是一个很宽泛的话题，为了取得更进一步的突破，我们需要知道人们对人工智能的哪个方面最感兴趣。

在这个环节，搜索数据就派上用场了。我们通过语言搜索工具，找出人们最常使用哪些具体的短语和问题来搜索人工智能这个话题。例如，我们看到热点搜索词是"人工智能的伦理学"或"人工智能对就业的影响"。这就使我们更清楚地了解到能激发受众最大兴趣的具体话题。

基于这些，我们甚至可以继续往下钻研，分析这些具体话题在各个社交网络上出现的频率，并比对出热点之最。最受欢迎的是长文还是短文？或是视频、信息图表、广播或白皮书？我们也能看到人们在哪些频道上讨论这个话题的次数最多，从而帮助我们得知，我们应该在Facebook上重点关注与话题相关的目标受众吗？还是说他们更愿意在LinkedIn或Twitter上搜索并分享这些话题？

我们应该感谢Contently顶尖的内容策略师——克里斯丁·波利，是她发明了这个流程及许多其他出色的数据驱动的内容策略方法。该流程大体如图7-4所示。

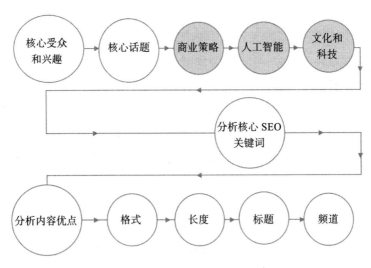

图7-4 内容决策引擎：策略

第7章 品牌故事的未来

最后，我们已经有了制作精彩内容策略所需的所有信息：我们知道了观众最感兴趣的话题，我们知道了他们最喜欢的故事形式（文章、视频、信息图表等），我们也知道了如何在搜索引擎和社交媒体上吸引他们，以确保他们阅读或观看我们的故事。

相比花很多年在读者调查和市场研究上下功夫，这种方法能以前所未有的速度最快找出什么样的营销最有效。

计划

2013年，美国最大银行大通（Chase）的营销部门的两名高管决定，通过精彩地讲故事推动公司规模翻倍。这两个高管（布莱恩·贝克和史黛西·华威）意识到了这本书中其他创新人士看到的问题：好的故事让数字营销变得简单无比。要想继续取得成功，他们需要一种方法比以前创造出更多好的故事。

但是在一个像大通银行这样被高度监管的行业中的大型组织内部，这必将是艰难的。因为这个公司有了既定的计划和流程，并严格控制预算。华威和贝克有了一个策略，也知道他们的受众想要什么样的内容，但是他们无法在没有资金支持的情况下为数十个业务线创造成百上千个故事。

所以,这两个人做了一件很聪明的事。首先,他们开始召集支持者。他们的计划是,通过创造故事来帮助公司的每个业务线,以此赢得其他部门的支持,例如给"大通商务线"提供商业小建议,给旅行卡的同事们提供旅游贴士,给"抵押贷款线"提供关于抵押贷款和预算的建议。

随后,他们把所有人都聚集到了一个房间里,并建立了一个编委会,以协助策划内容方面的创作,并推举他们的首席营销官作为主席。他们也设立了一个监督管理系统并制定了一系列标准,以确保他们发表的内容不会给他们惹来麻烦。有了这些前期准备工作,倾向于规避风险的法律部门就不会在他们开始之前终止他们的计划。

"我们必须建立起基础架构,并向组织展示它的运作方式,"贝克告诉 Contently 平台,"我们必须要证明内容可以提高营销的有效性。此外,我们也创立了加强责任意识和周全考虑能力的标准、管理和沟通系统。"

最终,有几百人加入了他们,包括内部团队、创意和媒体伙伴及自由职业者。如果他们只依赖传统的网络技术,那么整个运作就有风险并变得非常难以管理,等待他们的将是收不完的邮件和杂乱无章的图表。但这时,大通银行做了一件很聪明的事情。

贝克和华威见证了内容营销平台的兴起,这些平台专为内容团队设计,使他们能够在同一个地方计划、管理所有的内容:你可以创建一个内容日历,建立审批工作流程,管理并批准建议,并保存所有的内容和媒体。它甚至可以用来招聘有才华的自由职业者,以创造好得惊人的故事。这些功能全都整合到同一个地方了。

在大通银行的这个事件中,他们选择了Contently平台。"它在我们构建更多与新闻室相关的组织结构时提供了帮助,也为我们提供了能接触到各地区、各领域的人才的渠道。"贝克说。

事情立即有了成效。他们在自己的网站上发布了"新闻与故事"内容中心,开始着手几十个故事的创作。他们发现阅读过这些故事的用户在网站上浏览的时间是之前的三倍,这提高了大通银行的产品使用率。信用卡的申请增加了43%。客户的评价大都非常积极。他们和客户建立了更稳定的关系,建立了信任。

2015年,在大通银行更新其应用程序和网站的时候,"新闻与故事"这个板块被放在了页面最前面、中央最显眼的位置,将最先被用户看到。

从那以后,大通银行的规模只增不减。他们投资制作了一个纪录片,讲述了从勒布朗·詹姆斯的慈善事业到振兴纽约州布朗斯威尔的全部历程。

由于他们巧妙地利用了科技手段，他们能够比以往更快地决定制作的每一个内容。没过多久，大通银行变成了一个其新闻室可以与新晋媒体公司的速度和效率相媲美的巨型公司。

从 2016 年 9 月到 2017 年 9 月，他们的故事被分享了将近 200 000 次，对一个银行来说，这是一个闻所未闻的壮举。

越来越多的大型组织慢慢地接受了这个事实：好故事是所有数字频道成功的关键。没过多久，使用技术来计划并管理这个流程不再是"奢侈品"，而是一件必需的事。

创造

还记得 Avvisi（16 世纪用于整个欧洲的手写新闻通信，能迅速有效地传播政治、军事和经济新闻）的那些笔者吗？其中很多人由于无法创造出最好内容而性命不保。还记得约瑟夫·普利策吗？那个出版了数年"垃圾故事"之后，才意识到一位像娜丽·布莱一样的调查记者才会是他成功关键的出版商。还记得我们从"污泥报告"中学到的一课，如何把一个平庸的故事变成一个伟大的故事吗？还记得故事的四大元素，以及它们是怎样把《星球大战》变成一部受欢迎的大片的吗？

第7章 品牌故事的未来

这些都是艰巨而复杂的事情，有些人需要花上数年的时间才能完成。但是，如果技术能帮你轻松、即时地把它们做出来呢？

如果它甚至能告诉你能让你的内容成功的具体感情触发点呢？

1965年，两个来自美国空军研究部的心理学家，欧内斯特·图佩斯和雷蒙德·克里斯塔尔，开发了"五因素模型"——一个人格分类模型，包括五个主要特征：开放性、责任心、外向性、宜人性和情感范围。

这个研究是基于字典里的18 000个词对应的人格特征，并根据历史上每个词是怎样被使用的，把它们一一分到上述五大类中。这项革命性的发明用一种前所未有的科学方式把语言和人类的心理联系了起来。

换句话说，他们破解了人类写下的文字和读者对文字的理解之间的密码。它揭示了讲故事的科学：你的语言本身作为作者所唤起的心理学反映。

问题是，作为一个作者或编辑，检查每一句话的心理效应是不切实际的。

但是，如果你能把这个过程自动化呢？如果你能知道你所讲的每一个故事会触发怎样的心理状态，并随即明白这些心理状态是否能让人们和你的故事产生联结呢？

2016年，Contently平台和IBM Watson联手，正是为达成这样的目标。我们制造了一个语气分析器，它能过滤并筛选任何网站或特定文档里的所有文字，并能依照这五个特征从0～1打分。你可以用它单独分析一个故事，或一个充满故事的网站，或同一个作者的所有故事。

结果是，你可以看出什么样的观点和语气最受观众的喜爱。你可以分析出哪些作家最能打动他们，并总结出这些作家如此成功的原因是什么。你也可以用"理想的观点和语气"发表一篇文章，并观察你的目标完成度如何。

Contently平台出类拔萃的工程师们甚至把这个功能嵌入了我们的文字编辑器中，这样一来，作者们可以随时调整措辞，以从他们的读者那里得到更强的回响（见图7-5）。

技术永远不会取代不受时代限制的讲故事的艺术，但它能够强化这个艺术。我们相信未来的故事讲述者将掌握艺术与科学的融合技巧，并利用技术做出更好、更快的创意决策。

在Contently平台上，我们致力于打造能帮助故事讲述者做到这一点的工具。我们的故事创作工具不仅会让你知道，你应该使用哪一种观点或语气，它还会标识出一个你用"污泥报告"能找出的瑕疵，比如被动语态和重复用词。它能够告知你

第7章 品牌故事的未来

应该使用哪些关键词,为一篇特定的故事选择哪一个作者,以及哪一种形式最为有效。

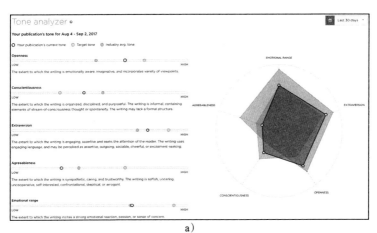

图 7-5

不管你们正在使用哪些工具，我们的目标也是你们的目标：把"轮子"转得更快，并讲述能使你和你关心的人之间建立起愈发紧密的纽带的故事。

激活

你还记得瑞士银行如何通过与《Vice》《名利场》的合作，和富有的千禧一代建立联系的故事吗？

2017年，无限网大获成功，其关于商业和人类的未来的深度思考文章被分享了数千万次。瑞士银行正试图与一个之前几乎没有听说过他们的新受众群体建立联系，但它知道自己还没有发挥全部潜力。正在这时，瑞士银行的全球市场营销传播主管蒂埃里·坎贝特取得了突破性进展。事实上，这和我们在第4章里构建"内容策略家"时的突破完全一样。

他们没有使用足够的技术来突破并建立他们的受众群体。

因此，坎贝特将其内容创作10%的预算，花在了根据他的内容分析最有效的频道（Facebook）上来面向目标受众。

坎贝特把社交网络营销技术叫作"新型电视广告"，这是一种可以在分秒间把瑞士银行的故事分享给全世界几十亿人的革命性的技术。电视，在最理想的情况下，可以面向一个特定

第7章 品牌故事的未来

城市里收看某个特定电视节目的人；但社交网络技术可以基于人们居住的位置、他们的喜好、他们工作的地方、他们的职业，甚至他们大约挣多少钱，把信息传递给任何一个你想面向的目标受众。

尽管这听起来有点让人毛骨悚然（因为确实是这样的），但这些都是人们每天花上数个小时，在Facebook、LinkedIn、Instagram和其他平台上对大众公开的信息。有了这些平台，通过投其所好的故事与受众建立联系变得异常简单。

最棒的一点是，这些故事越好，与人们建立联系的成本就越低，通常情况下只需花费一个便士或更少。当你拥有可以指出哪些渠道最适合哪些故事的智能分析技术时，你可以更明智地决定使用哪些渠道与人们联系。

很快，被社交网络营销技术所领引，我们看到数字宣传变成了商家吸引目标受众的主要手段。2016年年末，数字广告第一次超越了电视广告，并且这个差距只会继续增加。

我们没办法告诉你两三年后最有效的手段是什么，但我们可以告诉你，未来的万能公式是"突破性的故事＋能散播这些故事的前沿技术"。能充分领会这个公式的故事讲述者总会成功。

优化

本书通篇都在讨论如何使用智能数据和洞察力把你的故事变得更好。实际上,"优化"并不是伟大的故事讲述者每个月挑一个日子来着手进行的工作,而是他们一直在做的事情。他们总追求把事情完成得更好,更胜别人一筹。

出于这个原因,我们想要跟你说说讲故事的技术给我们其中一员带来的影响。

这是一个关于它怎样拯救了乔的事业的故事。

这个故事始于一个秘密:乔是一个很杂乱无章的人。

从幼儿园起他便听别人这样说了:"如果你想成功地从小学一年级升学,你必须学会更好地整理你的东西。"他一年级的老师杰茜卡小姐这样告诉他。她的目光停留在他半开口的背包上,里面胡乱地塞满了零散的数字涂色本、断成几瓣的蜡笔、干了的通心粉,掺和着从瓶子里溢出来的埃美尔胶水。

但他是个聪明的孩子,所以他打败了劣势,成功完成了一年级的学业。当然,他在找东西上花的时间比别人多很多,但他总能通过做作业比别人都快来弥补找东西浪费的时间。每年他的老师给他同样的警告——你无法通过二年级、三年级、初中、高中,但他都一一通过并"存活"了下来。

第7章 品牌故事的未来

之后他选择了一个小型文理学院——莎拉·劳伦斯学院。在这里,不止一个人的笔记本上粘着胶水和通心粉。在校园里,用一个万圣节南瓜灯水桶当作书包也被视为一种创意。乔在这里如鱼得水;他常写作,并为他学院的报纸创建了几个新的栏目;他也曾报道过一些大新闻。在大一结束的时候,他被选为总编辑。

到了这时,他才醒悟,过去他所有的老师说过的话都是正确的。

运营一个出版物就像一场马拉松:招聘人员、做预算、安排日程、在作者和编辑之间传递稿子、确保文章能嵌入报纸的排版中等。在乔刚接受总编辑这个职位时,他是信心满满的,借用电影《胜利之光》中教练埃里克·泰勒的演讲来聘用写手。"清楚的视角、坦诚的心、爆炸性的故事!"尽管与原作的语境不完全一样,但这在一开始也足够有效了。

但几个星期后,他被淹没在无边无际、让人晕头转向的电子邮件海洋中。每当他登录邮箱时,都会经受一次轻微的恐慌症发作。他凌乱的生活不再光芒万丈了。每周五早上7点,他都会步履蹒跚地走进报纸办公室,直到每周日半夜,在新的一版报纸已经被运送走之后,他才会一步一步地从办公室挪出来。与其想出一套高效的组织系统,他更偏向把过程简单化,独自一人包揽全部的工作。他几乎没有睡觉，但还是存活了下来。仅仅是勉强地活了下来。

在他出国做交换生的那段时间，他把职位给了别人，但毕业之后他又成为一位总编辑，这一次是在布鲁克林公园的一个咖啡厅里帮别人建立一个数字新闻网站。尽管童年时代他一直都不承认自己做事缺少章法是一个问题，但成年的他已经完全认可了这个事实。缺少一项基础技能的感觉十分糟糕，这也很大程度地局限了他作为编辑的潜能。他把一半的时间都花在梳理自己的邮件上，思考"真是见鬼了，那个东西究竟在哪儿？"，而不是有效利用他的特长——写作、改稿，并想出内容策略和新创意。

他希望他能遇到一位能教他吃饭、祈祷、统筹规划的大师。但实际上，他是通过对一个软件着迷克服了自己最大的障碍。

乔在介绍一个纽约的孵化器公司 Techstars 的时候第一次听说了 Contently 平台。Contently 的创始人们当时正在建立一个为品牌提供出版工具和与上千个自由职业者接触的渠道的平台。乔联系了创始人之一的谢恩，并以 Contently 平台最早的两个自由职业管理编辑之一的名义加入了董事会。

大多数的初创企业都不会成功。一开始，乔也认为他和 Contently 平台的合作只是一时新鲜。但很快，他被这个平台的

第7章 品牌故事的未来

日程表、文字编辑和工作效率牢牢地吸引了：他所有的故事和作业都在同一个地方变得整齐有序了；他感觉自己像电影《窈窕美眉》里面的蕾妮·博格斯一样，突然焕然一新。

他能够追踪每一个截止日期，知道谁在写一篇特定的报道，以及他们做了什么样的修改。他有一个整齐美观，能告诉他哪些内容表现最好的控制面板（见图7-6）。最重要的是，他不用费力翻找他的邮件了，从而可以把所有的注意力集中在工作上。

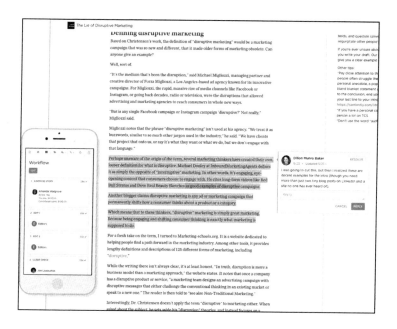

图　7-6

161

2013年，乔成为Contently平台的总编辑。生平第一次，他不再恐惧他的短板了。唯一一个受到惊吓的人是他的理疗师，他甚至怀疑乔对一个内容营销平台产生了浪漫情愫。但有了清晰的头脑用于工作的乔，把Contently平台的用户群人数从14 000人增加到了400 000人。

几年前，他几乎看不到软件和内容计划之间的联系。现在，他确信这两者在本质上是紧密相连的。

我们花费很多时间思考市场营销人员面对的挑战。内容营销是一个很新的领域，解释不易，测量更难。大多数的项目都严重缺乏工作人员。

逻辑上的解决方式是内容团队需要更多的资源，但这是一个"鸡生蛋，还是蛋生鸡"的问题。内容团队在没有看到成效前，很难决定雇用全职人员，这让很多的商业故事讲述者都被困在一个必败的局面中。

其实，事情不必是这样的。在商业世界中，讲故事是一个相对来说讲质不讲量的比赛。如我们在本书的前半段所言，品牌内容中最好的5%吸引着90%的受众。这意味着每天滥制出上百个故事的媒体巨头不一定会成功。更重要的是，你需要给有才华的人充分的自由，好让他们在有突破性的好创意上集中精力。

第7章 品牌故事的未来

结果是，我们认为在未来，我们将会看到一个内容营销创新者使用新鲜手段的趋势：与其努力扩大团队的规模，他们会竭力开发能让他们自己的才能最大化的工具。

现代内容技术的优点在于它可以减少编辑们处理繁忙工作的时间。我们用Contently平台的软件接收来自我们作者的推荐，迅速生成作业，并用一个拖放功能规划我们的日程表。至此，平台本身就可以完成剩下的工作了，包括在作者提交了第一稿后自动付给他们薪水、追踪修改、标明被动语态和失效的链接等。我们可以利用Contently平台把故事即刻转移到WordPress上，这样我们就不用花时间复制粘贴。我们专有的分析功能，能在通信量、参与度和转化等方面，提供可操作的见解。与其花数个小时提取这些数据，不如我们在几秒之内把它们消化完。

当一个编辑有了正确的软件，这些操作性的任务可以从花费超过50%的时间缩减到10%。换句话说，你可以用招聘一个初级编辑的钱，把你的产出提高五倍。想出如何达成这一点的人会在未来抢先一步，其能自由地处理他们所注意到的、雄心勃勃的创意工程。

作为一个孩子，乔从来都不能理解为什么他的老师们如此注重统筹规划的能力，但现在他完全懂了。他们是想让他花更多的时间在创意上。无论你是否和乔一样做事杂乱无章,一个内容技术的巧妙组合将会成为你的魔法文件夹。无论你是否选择 Contently,我们的核心思想是一样的:要想站在金字塔的顶端,你就必须要释放你内在的丽莎·弗兰克[⊖]。

[⊖] 美国成功的商业女性,Lisa Frank 公司创始人。该公司生产面向儿童的学习用品,以异想天开的设计而闻名。——译者注

第8章

讲故事的习惯

你想挣十亿美元吗？我们将告诉你怎样做：发明一种药，只消一剂，就能完美地塑造你的全身肌肉。只要一粒药，你就变得像阿诺德·施瓦辛格或吉利安·迈克尔斯一样。

倘若事情真有那么简单就好了。关于锻炼的残酷事实是，即使使用激素，你还是要把健身当成习惯才能取得成效。

讲故事也是一样的道理。当然，你可以只用一个故事就改变人们的想法。你可以将一个乞丐的牌子上的标语换句话转述出来，让人们自发地施舍他更多的钱。但如果你想建立长期关系，无论是与商务相关还是在日常生活中，你都要用去健身房一样的态度对待讲故事。

你所讲的每一个故事都会变成你的故事体系的一部分，就像你每一次去健身房都会一点一滴地累积到最终体型成效上。最好的公司擅长随着时间的推移以各种方式持续讲述它们的故事。最有趣的人会讲很多故事，他们用故事回答问题，用故事与人建立心灵的联系，而不只是嘴上说说："我也一样。"

如果你已经阅读到了这里，你大概已经信服，人们应该更多地使用故事来建立关系。但要说服整个组织开始去健身房锻炼，并不总是那么容易。

在本书的最后一章中，我们想要给出一些具体的、关于怎样说服你的公司重视故事的建议。

在你的组织里推销"讲故事"

10年前，仅凭一个人的声音让整个组织重视某项内容是有可能的。但如今，这样的事情已经是天方夜谭了。你需要组织内部的支持，而这并不是凭空而来的，你必须靠自己迈出第一步。尽管这并不容易做到，但最终你会发现一切的付出都是值得的。

我们来看一下万豪的内容营销项目是如何开始的吧。9年前，这个酒店集团通信部的行政副主席凯瑟琳·马修斯走进了比尔·万豪的办公室，提出了一个想法。她在华盛顿的ABC新闻公司当过25年的记者和新闻主播，也深知一个好的故事能产生多么强大的力量，尤其是当它源于一个极具魅力的个人形象的时候。

第8章 讲故事的习惯

她想让万豪公司创建一个博客。并且,她想让比尔·万豪亲自写这个博客。

"为什么会有人想浏览我写的博客?"76岁的万豪先生问道。

马修斯很快说服了万豪:他是讲述公司故事的最佳人选,即便他连电脑都不会用。他们达成了一个协定,万豪将每周口述一篇博客,由他人发表出来。

万豪的数字化讲故事的旅程就这样开始了。最初的博文很简单,但在接下来的七年里,公司在博客上花费的精力呈指数增长。没过多久,他们就在经营一家全面的全球媒体公司了。

在接下来的三年里,万豪发行了一个大受欢迎的数字旅行杂志——《万豪旅行者》,其内容涵盖了从西雅图到首尔等世界多个城市。他们在五大洲都建立了内容工作室,他们制作的短片,如《两个敲钟人》和《法式热吻》,甚至获得了艾美奖。

当你走进万豪总部一楼的时候,会发现其装潢看起来非常符合一个现代酒店的大厅——别致的白色休息室和舒适的座椅,友好的接待员在欢迎你的光临。但随后你注意到了一件奇怪的事:在大厅的中央,9个亮着的屏幕被镶嵌在玻璃墙里,就像一个从好莱坞传送到马里兰州贝塞斯达的电视控制室。

在某种程度上，确实是这样。在这个被称为"M直播"的工作室内，通常坐着几个曾在媒体工作过的老员工，他们的任务是探寻一个酒店品牌究竟能怎样最大限度地利用数字媒体给万豪带来的用于讲故事的机会。

"我们现在是一个媒体公司了。"艾美奖得主大卫·毕波，也是当时万豪环球创新的副主席，这样告诉我们。

这是一个很大的声明，万豪的内容生产也确实撑得起这一声明。这引出了下一个问题：万豪是怎样从凯瑟琳·马修斯冲进总裁办公室提倡内容营销的传统酒店，进化成世界领先的内容营销公司的呢？

是这样的：几年后，比尔·万豪的博客大受好评。很快，他彻底认识到，"内容"就是万豪一直以来所面对的、讲述这个名下有几十个酒店品牌的公司故事的挑战的唯一答案。

2013年，万豪下了一个巨大的赌注，挖走了原本在沃尔特·迪士尼工作的卡琳·蒂姆伯尼。她曾经主导了迪士尼很多成功的数字产品的发行，如WATCH ABC，所以她能帮助万豪与"下一代的旅行者"之间建立联系。2014年6月，同在迪士尼工作的毕波也随着蒂姆伯尼来到了万豪。

毕波和蒂姆伯尼很快就开工了。2015年年初，万豪已经制作了一个成功的电视节目《探路者直播》、一个备受欢迎的

第8章 讲故事的习惯

短片《两个敲钟人》、一款个性化的在线旅行杂志，还有一些与 Oculus Rift 合作创造、非常激动人心的对虚拟现实的初次尝试。这些项目带来了立竿见影的回报，无论是大量的受众参与度、数百万美金的直接收入，还是和其他公司在内容许可证上达成的协议。这些项目帮助万豪和他们的顾客之间建立了更加坚固的关系。

"我们之前提到过，我们和客户之间有着很亲密的关系，"毕波说，"虽然'他们和我们睡在一起'只是玩笑话，但这也是事实。"

在尝到成功的甜头之后，万豪更加重视讲故事，并扩大了相关的职员团队，聘用了来自 CBS、Variety 和其他媒体巨头的员工。

他们还与众多外部创作人员合作（包括 Contently 公司），从著名制片人伊恩·山德和金·摩西，到 YouTube 红人塔琳·萨泽（她主演过一个在酒店房间里采访名人的网络剧《请勿打扰》）。

毕波抵制住了在故事中植入任何明显的万豪品牌推广的诱惑。当他拿到万豪出色的短片《两个敲钟人》的初剪时，他的第一条建议就是去除所有的品牌植入。

"观众不想看到任何有关'欢迎来到万豪，这是你的房卡'的内容,以及一个品牌标志的大特写,"他说,"一点都不能有。"

换句话说,万豪的赌注就是让职业故事讲述者,而不是职业营销员,来引领他们的内容营销项目。

但是,让这一切成功的核心不是彻底摒弃营销。恰恰相反,万豪是通过打破部门之间的隔阂,将营销团队和内容团队团结在一起而取得成功的。

这一步的关键是 M 直播,这个四面都是玻璃墙的内容工作室。

该工作室于 2015 年 10 月推出,共有 9 个屏幕,展示了万豪 19 个品牌的社交媒体活动、实时预订信息及万豪的编辑日历。但更令人叹服也值得其他品牌学习的是,玻璃工作室里的 8 个转椅。每一把转椅代表着一个不同的部门,例如人事/通讯、社交媒体、口碑营销、创新+内容,甚至还有一把给 MEC 的摇椅(这是一个专业买通媒体的机构,可以随时放大颇有成效的内容)。

有些营销商可能认为万豪疯了,是一个假装自己是媒体公司的愚蠢品牌。但事实上,这是一个伟大的讲故事文化的标志,一个包含作为营销工具的媒体的文化。

在我们写这本书的时候,虽然表面上万豪在建立一个媒体

第8章 讲故事的习惯

商家,包括向雅虎、AOL、Hulu、Netflix 和亚马逊等网站出售短片和网络剧播放许可,但追根溯源,M 直播和万豪的内容工作室主要还是由营销主导。

"我们能走到这一天并不是光凭着喊口号'我想要建立一个媒体公司',"毕波说,"首先,我们的目标是吸引消费者,促使他们和我们的品牌互动,并为他们创造能持续一生的价值。内容是达到这个目标的最佳途径。"

讲故事的文化

M 直播和万豪内容工作室在向外部人员迈进的同时,也对公司内部产生了影响。他们的内容团队付出了艰苦的努力,传播和解释他们正在做的事情——这也是他们把 M 直播建在公司最中央的原因之一。

举个例子,一位高管花了 3 个月的时间领导一个项目,创建一个解释 M 直播的指南,并告知公司中的任何人的想法或看到的热门故事都可能帮上大忙。他们在 M 直播团队和客户服务部门之间建立了联系,这样任何的不满或问题都能受到足够的重视,每一个万豪旗下的品牌也能充分参加创造内容的过程。"人们开始理解了,"毕波说,"现在我们做了很多,他们终于能看到故事的影响了。"连比尔·万豪都经常下楼巡视。

"他非常喜欢这个，热爱我们正在做的事，"毕波说，"他经常专程下来聊天、接电话。有一次他用马修的电脑给他的妻子展示了上面的东西。"

正是这份来自比尔·万豪和CEO亚尼·索伦森的支持，让万豪野心勃勃的内容行动运作了起来，不断地改变着这个公司。

"这是我们真正的目标，"毕波说，"把所有的品牌销售员、品牌领导人和团队变成出色的故事讲述者。"

不是每一个公司都需要建立一个像万豪这样复杂的内容工作室来推行讲故事文化，但如果它们想在未来以故事讲述者的名义取得成功，它们确实需要接受这个工作室所代表的东西——打破隔离主义，还有人们共同追求的用故事建立关系从而打动人心的目标。

这是一切的根源。

愿故事的力量与你同在

无论你是在一个像万豪那样的大公司里计划雇用新的讲故

事团队，是在一个小型企业中的营销部做同样的事，抑或是把讲故事的道理运用在自己每天的工作和人际关系中，我们的临别嘱咐都是一样的。

这也是本杰明·富兰克林在200多年前所建议的：

"要么写一些值得阅读的东西，要么做一些值得写的东西。"

不管你选择了哪个，我们都期待听到你的故事。

定位经典丛书

序号	ISBN	书名	作者	定价
1	978-7-111-57797-3	定位（经典重译版）	（美）艾·里斯、杰克·特劳特	59.00
2	978-7-111-57823-9	商战（经典重译版）	（美）艾·里斯、杰克·特劳特	49.00
3	978-7-111-32672-4	简单的力量	（美）杰克·特劳特、史蒂夫·里夫金	38.00
4	978-7-111-32734-9	什么是战略	（美）杰克·特劳特	38.00
5	978-7-111-57995-3	显而易见（经典重译版）	（美）杰克·特劳特	49.00
6	978-7-111-57825-3	重新定位（经典重译版）	（美）杰克·特劳特、史蒂夫·里夫金	49.00
7	978-7-111-34814-6	与众不同（珍藏版）	（美）杰克·特劳特、史蒂夫·里夫金	42.00
8	978-7-111-57824-6	特劳特营销十要	（美）杰克·特劳特	39.00
9	978-7-111-35368-3	大品牌大问题	（美）杰克·特劳特	42.00
10	978-7-111-35558-8	人生定位	（美）艾·里斯、杰克·特劳特	42.00
11	978-7-111-57822-2	营销革命（经典重译版）	（美）艾·里斯、杰克·特劳特	59.00
12	978-7-111-35676-9	2小时品牌素养（第3版）	邓德隆	40.00
13	978-7-111-40455-2	视觉锤	（美）劳拉·里斯	49.00
14	978-7-111-43424-5	品牌22律	（美）艾·里斯、劳拉·里斯	35.00
15	978-7-111-43434-4	董事会里的战争	（美）艾·里斯、劳拉·里斯	35.00
16	978-7-111-43474-0	22条商规	（美）艾·里斯、杰克·特劳特	35.00
17	978-7-111-44657-6	聚焦	（美）艾·里斯	45.00
18	978-7-111-44364-3	品牌的起源	（美）艾·里斯、劳拉·里斯	40.00
19	978-7-111-44189-2	互联网商规11条	（美）艾·里斯、劳拉·里斯	35.00
20	978-7-111-43706-2	广告的没落 公关的崛起	（美）艾·里斯、劳拉·里斯	35.00
21	978-7-111-56830-8	品类战略（十周年实践版）	张云、王刚	45.00

科特勒新营销系列

书号	书名	定价	作者
978-7-111-62454-7	菲利普·科特勒传：世界皆营销	69.00	（美）菲利普·科特勒
978-7-111-63264-1	米尔顿·科特勒传：奋斗或死亡	79.00	（美）米尔顿·科特勒
978-7-111-58599-2	营销革命4.0：从传统到数字	45.00	（美）菲利普·科特勒
978-7-111-61974-1	营销革命3.0：从价值到价值观的营销（轻携版）	59.00	（美）菲利普·科特勒
978-7-111-61739-6	水平营销：突破性创意的探寻法（轻携版）	59.00	（美）菲利普·科特勒
978-7-111-55638-1	数字时代的营销战略	99.00	（中）曹虎 王赛 乔林 （美）艾拉·考夫曼
978-7-111-47355-8	营销十宗罪：如何避免企业营销的致命错误	30.00	（美）菲利普·科特勒
978-7-111-55031-0	混沌时代的营销	39.00	（美）菲利普·科特勒 约翰A·卡斯林
978-7-111-50071-1	营销的未来：如何在以大城市为中心的市场中制胜	45.00	（美）菲利普·科特勒 米尔顿·科特勒
978-7-111-53103-6	东盟新机遇：科特勒带你探索东南亚市场	39.00	（美）菲利普·科特勒
978-7-111-43291-3	逆势增长：低增长时代企业的八个制胜战略	39.00	（美）菲利普·科特勒 米尔顿·科特勒
978-7-111-35721-6	企业的社会责任	39.00	（美）菲利普·科特勒
978-7-111-40314-2	正营销：获取竞争优势的新方法	45.00	（美）菲利普·科特勒

华章经典 · 管理

ISBN	书名	价格	作者
978-7-111-59411-6	论领导力	50.00	（美）詹姆斯 G. 马奇 蒂里·韦尔
978-7-111-59308-9	自由竞争的未来	65.00	（美）C.K.普拉哈拉德 文卡特·拉马斯瓦米
978-7-111-41732-3	科学管理原理（珍藏版）	30.00	（美）弗雷德里克·泰勒
978-7-111-41814-6	权力与影响力（珍藏版）	39.00	（美）约翰 P. 科特
978-7-111-41878-8	管理行为（珍藏版）	59.00	（美）赫伯特 A. 西蒙
978-7-111-41900-6	彼得原理（珍藏版）	35.00	（美）劳伦斯·彼得 雷蒙德·赫尔
978-7-111-42280-8	工业管理与一般管理（珍藏版）	35.00	（法）亨利·法约尔
978-7-111-42276-1	经理人员的职能（珍藏版）	49.00	（美）切斯特 I.巴纳德
978-7-111-53046-6	转危为安	69.00	（美）W.爱德华·戴明
978-7-111-42247-1	马斯洛论管理（珍藏版）	50.00	（美）亚伯拉罕·马斯洛 德博拉 C. 斯蒂芬斯 加里·海尔
978-7-111-42275-4	Z理论（珍藏版）	40.00	（美）威廉 大内
978-7-111-45355-0	戴明的新经济观	39.00	（美）W. 爱德华·戴明
978-7-111-42277-8	决策是如何产生的（珍藏版）	40.00	（美）詹姆斯 G.马奇
978-7-111-52690-2	组织与管理	40.00	（美）切斯特·巴纳德
978-7-111-53285-9	工业文明的社会问题	40.00	（美）乔治·埃尔顿·梅奥
978-7-111-42263-1	组织（珍藏版）	45.00	（美）詹姆斯·马奇 赫伯特·西蒙